LES COUTUMES

VAL D'ORBEY

(Extrait de la *Revue historique de droit français et étranger*,
numéro de novembre-décembre 1864.)

Paris. — Typographie HENNUYER ET FILS, rue du Boulevard, 7.

LES COUTUMES

DU

VAL D'ORBEY

PUBLIÉES

AVEC INTRODUCTION ET NOTES

PAR

ED. BONVALOT

CONSEILLER A LA COUR IMPÉRIALE DE COLMAR

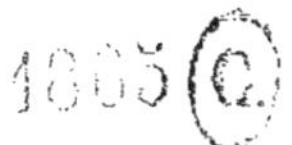

PARIS

AUGUSTE DURAND, LIBRAIRE-ÉDITEUR

RUE DES GRÈS-SORBONNE 7

1864

LES COUTUMES DU VAL D'ORBEY.

I

Quand on se rend d'Alsace en Lorraine par le Bonhomme, on laisse sur la gauche de la route la vallée d'Orbey. Ses verdoyantes forêts, ses fertiles pâturages, ses lacs aux ondes variées, et surtout ses habitations pittoresquement éparpillées sur le flanc de la montagne, attirent les visiteurs et les touristes. Si aujourd'hui, grâce aux progrès de la viabilité, ils n'éprouvent plus que les fatigues de l'ascension, d'autres obstacles rendaient jadis quasi impénétrable ce petit Oberland vosgien. De quelque côté qu'on en essayât l'accès, soit de Munster ou de Lièvre, soit de Kaisersberg ou de Fraise, il fallait franchir, à travers des routes défectueuses et mal entretenues, la barre de rochers escarpés qui lui sert de ceinture. Cette fortification naturelle contre les invasions étrangères avait été, au moyen âge, complétée par l'érection de donjons aux deux points extrêmes de la vallée. Au nord, sur le sommet du Bonhomme, le Judenbourg menaçait la Lorraine, et au sud le Hohennack dominait la plaine de toute la hauteur du pic sur lequel il était perché. Maintenant il ne reste plus de ces moyens artificiels de défense qu'un souvenir et des ruines! Depuis des siècles, le Judenbourg a disparu, et Louis XIV a renversé le Hohennack.

II

Cette riante et féodale vallée forme aujourd'hui, dans le département du Haut-Rhin, le canton de La Poutroie. Avant la Révolution elle constituait l'un des sept bailliages de la maison de Ribeaupierre. Jusqu'au moment où elle entra dans le patrimoine de cette puissante famille, sa vie civile et politique se traîne dans les ornières obscures et générales de l'histoire.

Les Celtes, ses premiers habitants, furent, après les invasions du cinquième siècle, comprimés mais non anéantis par les conquérants germains ; et le mélange des deux races se réfléchit, dans la langue et les mœurs actuelles, par un caractère mixte où l'élément celtique prédomine cependant. Les religieux de Pairis développèrent dans cette vallée les bienfaits de la civilisation chrétienne ; et cette terre dut à sa situation géographique, qui en faisait un théâtre des luttes entre la France et l'Allemagne, l'alliance des instincts belliqueux aux habitudes pastorales et agricoles.

Vers le dixième siècle, elle comptait, sans qu'on sache comment, dans les domaines des comtes d'Eguisheim ; elle passa ensuite aux comtes de Ferette. Les archiducs d'Autriche, leurs héritiers, la donnèrent en 1277 en sous-fief aux sires de Ribeaupierre ; mais ces dynastes ne jouirent point paisiblement de sa totalité. Le château du Hohennack et ses dépendances leur furent disputés pendant plus d'un siècle par le prévôt de Colmar, les comtes de Saarwerden et de Lupfen, et ils n'en redevinrent définitivement maîtres, après beaucoup de luttes et d'efforts, qu'en 1438. Rattachée à ce moment au corps de la seigneurie de Ribeaupierre par de nouvelles lettres d'investiture, la vallée d'Orbey ne s'en sépara plus. Et elle advint, par le droit successoral des femmes, avec le reste du patrimoine, à la maison Palatine de Deux-Ponts le jour[1] où succomba le dernier descendant mâle des Ribeaupierre[2].

III

Devenus paisibles feudataires, les Ribeaupierre songent à substituer une loi certaine, fixe et inflexible, aux usages flottants, mal définis ou contestés qui régissent le val d'Orbey. Maximin II entreprend cette œuvre en 1513 ; Guillaume II en 1536 et Egenolphe III en 1564 la complètent et l'achèvent. Chacun de ces législateurs a dans l'histoire une physionomie qu'il faut rappeler en peu de mots.

Maximin II[3], après avoir été chambellan du duc de Bourgogne Charles le Téméraire, fut entraîné par son esprit aventureux à de lointains voyages en Palestine et en Egypte.

---

[1] Anno 1688.

[2] Schœpflin-Ravenez, t. IV, p. 286 et 287 ; t, V, p. 617 et 618. — Archives du Haut-Rhin, seigneurie de Ribeaupierre, E. 491, 498, 504, 506 et 827.

[3] Il mourut en 1515.

Brave et courtisan tout à la fois, Guillaume II [1] s'illustra sur les champs de bataille de l'Italie et de l'Alsace, et conquit au plus haut degré la faveur des empereurs Maximilien, Charles-Quint et Ferdinand.

Egenolphe III [2] est surtout connu pour sa participation aux luttes religieuses de son siècle et pour avoir, le premier de sa race, embrassé le protestantisme.

Le temps a respecté la législation manuscrite de ces trois dynastes. On conserve celle de Maximin II dans les archives de la ville de Ribeauvillé [3]; celle de Guillaume II et d'Egenolphe III dans les archives de la préfecture du Haut-Rhin [4]. Les deux plus anciens Coutumiers sont rédigés en allemand; le plus récent en français. A ce titre, le texte de 1564 est précieux, car on ne compte qu'un très-petit nombre de monuments du droit alsatique écrits en cette langue [5].

<h2 style="text-align:center">IV</h2>

Au moment où Maximin II rassembla les usages et les droits du val d'Orbey, l'élan pour la codification des coutumes était donné en France, et surtout en Allemagne. L'Alsace, plus avancée que la France, où l'on commençait à peine ce travail important, voyait déjà ses principales villes, et même quelques villages, pourvus de statuts officiels et de Weisthümer réguliers. Dans les deux pays on avait adopté, pour arriver au but, une marche très-différente.

En France, les délégués du tiers état, du clergé et de la noblesse, après examen et discussion des cahiers d'usages dressés par les assemblées locales, arrêtent un texte qui est converti en une loi définitive par l'approbation royale.

A Orbey, au contraire, on suit les errements germaniques [6]. Or, d'après ces errements consacrés successivement par les *lois*

---

[1] Il fut à la tête de la seigneurie de Ribeaupierre de 1515 à 1547.

[2] Il régna de 1547 à 1585.

[3] VIIIe série du classement Bernhardt.

[4] Bailliage d'Orbey, E. 2, ancien classement.

[5] Ainsi l'urbaire de la ville de Belfort, anno 1472. Ainsi, encore, les Coutumes du val de Lièvre, dressées en 1586 et approuvées seulement en 1662 par le duc Charles de Lorraine.

[6] Tacite, *De morib. Germ.*, c. 11 et 12.

barbares, les *Capitulaires* et le *Miroir de Souabe* [1], le peuple
participe tout entier, et par lui-même, à la constatation ainsi
qu'à la consécration de la loi [2]. Nous voyons, en effet, dans le
préambule du Coutumier de 1513 l'universalité des habitants de
la vallée conviés à se réunir au seigneur de Ribeaupierre pour
noter les traditions, usages et droits du pays. Nous voyons
dans l'article 28 du même Coutumier, non-seulement les anciens
et nouveaux jurés, c'est-à-dire les mandataires légaux de la
communauté, mais encore les membres actifs, les vieillards et
les gens bien instruits du passé, prendre part à la délibération,
adresser leur remontrance et formuler leur opinion person-
nelle. En un mot, c'est avec le concours du peuple d'Orbey
qu'on recueille et qu'on arrête à la date précitée *Das alte her-
kommen*, qu'on dresse la charte constitutionnelle de la vallée.

V

Suivant un principe constant en Alsace, les droits, une fois
convenus et acquis, ne pouvaient être changés, ni recevoir atteinte directement ou indirectement sans la participation de tous
les intéressés, sans l'intervention simultanée du seigneur et de
ses sujets [3]. Partout on maintenait cette règle avec un soin
jaloux.

Notre Coutumier y déroge. En 1564, aussi bien qu'en 1536
et 1513, les Ribeaupierre se sont réservé le pouvoir de corriger, amplifier, diminuer et changer le statut *à eux seuls et en
temps compétent*. A deux reprises ils en ont fait usage. Quel était

---

[1] L. salic., epilog.; — L. Bajuv., prolog. Decret. Tassilonis. — L. Allem.,
c. 41, § 3. — Edict. Childeberti II en 595. — IIIe capit. de 803, c. 19. —
Edict. pistense de 864, c. 6. — L. Lomb. I, § 37, capit. Lotharii I,
apud Walter, p. 643. — *Miroir de Souabe*, édition Matile, Ire partie, c. 7 et
134; IIe partie, c. 124.

[2] Exemples dans Schœpflin, Alsat. Dipl., n°s 252 et 310; — Trouillat,
Monuments de l'évêché de Bâle, I, p. 145 et 167; — Leges Burchardi apud
Walter, III, p. 775. — M. Hanauer, *les Paysans de l'Alsace au moyen âge* et
les Constitutions des campagnes de l'Alsace. Je renverrai souvent le lecteur
à ces deux ouvrages, qui, intéressants et très-riches en documents inédits,
seront prochainement mis en vente à Paris, chez Durand, libraire.

[3] M. Véron-Réville, *Des anciennes juridictions d'Alsace*, p. 156. —
M. Hanauer, *opp. citt.*, passim.

leur mobile et leur but? Etaient-ils inspirés, ainsi qu'ils l'allèguent, par une humble demande, par l'intérêt général de leurs vassaux? Cédaient-ils, au contraire, à leur bon plaisir et à leur intérêt particulier? La comparaison des textes revisés avec le texte primitif du Coutumier répand sur cette question une lumière complète.

Il importe de remarquer tout d'abord que la première réformation a eu lieu en 1536, au lendemain de la guerre des paysans et par Guillaume II, un de leurs heureux vainqueurs; que le pouvoir seigneurial, sorti triomphant de la lutte, par conséquent fortifié et agrandi, devait naturellement profiter de sa victoire.

On ne s'étonnera donc pas de voir — dans cette révision — la condition des tenanciers aggravée : par l'abolition des droits de chasse et de pêche, — la création d'un impôt seigneurial sur l'admission à la bourgeoisie, — des restrictions à la liberté de l'industrie, — l'introduction de nouvelles pénalités, — enfin la dispense pour les jurés de veiller au maintien du statut. Ces mesures furent le *vœ victis* de la réformation.

D'autres en constituent le bienfait, et il y aurait injustice envers le pouvoir seigneurial à ne les point mettre en relief. Le Coutumier de 1513 avait classé au hasard les différentes matières dont il traitait. A ce désordre, ceux de 1536 et de 1564 substituèrent l'arrangement méthodique, correct et harmonieux. En même temps l'administration de la justice, le droit de propriété, les successions et le régime matrimonial reçurent des modifications sérieuses et des améliorations importantes. Ainsi, tout en rendant l'accès du juge en dehors des plaids banaux plus facile par l'introduction des brèves justices, on écarte les procès téméraires et abusifs par l'exigence de la caution *judicatum solvi*, même entre plaideurs indigènes. Ainsi la propriété privée, enserrée encore dans les principes de la communauté par une dépaissance absolue et le partage des fruits des arbres, se dégage peu à peu de ces lourdes entraves ; elle s'individualise de plus en plus par le droit de clôture ; elle prend une assiette plus solide par la prescription décennale. Ainsi, dans le régime successoral, l'élément romain achève de transformer l'élément germanique en faisant pénétrer la représentation dans la ligne collatérale. Enfin les intérêts pécuniaires des époux, mal définis et contestés jusqu'alors, obtiennent règlement et stabilité.

Voilà le double résultat de la comparaison du texte primitif avec les textes revisés du Coutumier d'Orbey. Voilà les innovations favorables ou hostiles à l'intérêt général. On me pardonnera de m'être arrêté si longtemps à cette constatation et à ces variations du droit, en songeant qu'elles sont des faits capitaux et qu'elles constituent la portion la plus notable de l'histoire civile de ce petit bailliage.

VI

Ces précisions faites, il ne reste plus qu'à rechercher le contenu du statut de 1564. Beaucoup de nos Coutumiers français sont plus détaillés et plus complets. Si abrégé que soit celui-ci, il offre cependant, dans un cadre restreint, une législation, qui répond aux principaux besoins de la vie civile et politique, et où chacune des branches importantes de la jurisprudence est représentée par des dispositions spéciales. Ainsi ont des règles :

Le *droit politique*, sur l'élection des principaux officiers de la communauté, l'admission à la bourgeoisie, l'émigration, la dévolution et le partage des amendes ;

Le *droit administratif*, sur quelques attributions du prévôt, des jurés, du doyen, des banwards et du capitaine ;

Le *droit civil*, sur les services fonciers, les successions, les donations, les contrats de mariage, les achats et ventes, la prescription et le retrait lignager ;

La *procédure civile*, sur l'organisation et la compétence des tribunaux, les degrés de juridictions et les appels, la caution *judicatum solvi* et les saisies ;

Le *droit pénal*, sur le jeu, l'ivresse, le blasphème, l'inobservation du dimanche, l'abandon du drapeau, les délits ruraux et forestiers, les contraventions de chasse et de pêche ;

La *procédure criminelle*, sur la mise en liberté sous caution et la foi due aux déclarations d'un bourgeois.

Ajoutons que plusieurs des prescriptions concernant ces matières sont passées à cause de leur sagesse dans nos codes modernes, et qu'on trouve çà et là à côté du précepte impératif de la loi les notions et les conseils de la morale la plus élevée.

Ces mérites divers nous ont paru rendre digne d'attention le Coutumier du val d'Orbey, et nous ont déterminé à publier son texte inédit.

VII

Afin qu'on contrôle aisément les appréciations de mon travail, et surtout qu'on en comble les lacunes, j'ai placé la traduction du statut allemand de 1513 en regard du Coutumier français de 1564 : — j'ai marqué par des italiques entre crochets ce qui, à cette dernière date, a été ajouté au texte de 1536 :— j'ai consigné, dans des renvois spéciaux sous les articles correspondants, les variantes importantes que présentaient parfois entre eux les statuts de 1536 et de 1564 : — enfin, j'ai joint à ces Coutumiers quelques notes. Elles m'ont paru indispensables pour éclairer certaines obscurités du texte, et surtout pour marquer les origines et les progrès de la législation. L'étude des Coutumes n'est en effet profitable qu'autant qu'on rattache le présent au passé, qu'on compare les vieilles lois avec les institutions nouvelles, et qu'on met ainsi ses concitoyens en état d'apprécier les immenses bienfaits que leur procurent ces dernières [1].

TEXTE DE 1513.

(Traduction.)

Droit du Hohennach et du val d'Orbey, anciennes traditions, usages et bonnes coutumes renouvelés sur l'ordre de la seigneurie par les anciens et les nouveaux seize jurés en l'année 1513.

En l'an du Seigneur 1513, à la Conversion de saint Paul, — sur l'ordre de très-nobles Maximin et Guillaume de Ribeaupierre, — moi Jean Guillaume, schultheiss (prevôt) d'Urbeis et les seize jurés du val, — en présence de beaucoup de vieillards de la commune, convoqués et appelés à indiquer et reconnaître les vieilles habitudes, traditions, coutumes et pratiques du val, — nous les avons renouvelées et notées, en réservant toutefois à

TEXTE DE 1564.

Coutumier et statuts du val d'Orbey renouvelés l'an 1564.

Nous (1) Egenolphe (2), seigneur de Ribeaupierre, de Hohennach et de Geroltzegh on Vassichens (3), certifions et sçavoir faisons à tous par cette présente, que nous avons, en la remontrance de nos officiers et sujets de nostre seigneurie du val d'Orbey, renouvellez, corrigez, ratiffiez, confirmez et approuvez tous les anciennes usances, droits, ordonnances et franchises que nos aymez predecesseurs et singulièrement nostre chère et aymé seigneur et grand père Guillaume, seigneur de Ribeaupierre, et Hohennach et

---

[1] **M. Dupin**, préface de la nouvelle édition de **Guy Coquille.**

Texte de 1513.

Nos Gracieux Seigneurs le droit de les diminuer, augmenter ou corriger à leur gré.

1. Notre susdite Gracieuse Seigneurie a et doit avoir à installer un schultheiss selon son bon plaisir. Ce prevôt portera le sceptre en place de Notre Grâce et présidera la justice.

4. Si l'un des seize meurt ou s'en va autrement, l'usage et la coutume est que les autres jurés choisissent trois hommes d'après leur conscience ; si parmi ces trois aucun ne plaît à la commune, celle-ci en désigne trois autres. Alors le schultheiss prend l'un de ces six, d'après sa conscience ; il l'investit et l'installe à la place du défunt pour une année. La nomination des appariteurs et des gardes champêtres se fait de la même manière.

2. Ce schultheiss sera obligé, d'après l'ancienne coutume, de te-

Texte de 1564.

de Gerollzegh on Vassichens, lesquels Dieu absolve, ont donnez en nostre seigneurie d'Orbey aux quatre baroches (4), sçavoir : Orbey, La Poutroye, Pagonzelle (5), et Frelan (6). Et par la teneur de ceste présente reneuvellement corrigeons, ratifions, confirmons et approuvons tous icelles anciennes usances, droits, ordonnances et franchises en la meilleure forme et manière que nous côme seigneur reignant de la seignenrie de Hoheunach et val d'Orbey en faveur de justice doit ou peut appartenir en ceste sorte come s'ensuit : mais toutes fois reservons et retenons à nous, nos hoirs et successeurs, seigneurs de Ribeaupierre, de pouvoir changer, amoindérer, augmenter et corriger à tousjours, en temps compétant, iceux coutumes, ordonnances et statuts, selon nostre volonté.

PREMIÈREMENT

TOUCHANT LA JUSTICE.

Article première.

1. Item, suivant l'ancienne coutume, doit avoir au dit val d'Orbey un prévost (7), lequel nous pouvons faire et ordonner à nostre plaisir come principal officier du dit val, et avec lui seize officiers jurez (8), c'est à sçavoir, à chaque baroche, quatre pour faire et tenir droit et justice.

2. Item toute et quante fois que un des officiers du dit val décédera de la justice par mort ou autrement, les autres officiers peuvent et doivent eslire selon leurs bons advis trois hommes du commun pour en choisir un autre au lieu du défaillant, et sy ses dits trois ne plaisaient à la commune, icelle commune en peut eslire (9) trois autres ; adonc le dit prevost, comme chef de la justice, peut prendre et eslire, selon son advis et bonne oppinion, un des six esleus ainsy par les officiers au lieu du défaillant pour un an.

3. En pareille manière, ordonnons en faire (10) des doyens (11) et banvards (12).

4. Item le dit nostre prévost, ainsy de par nous mis et ordonné,

Texte de 1513.

nir quatre plaids bandaux par an, à savoir : aux Quatre-Temps et pendant les Quatre-Temps. Ces plaids seront annoncés quinze jours à l'avance dans chaque paroisse, pour que ceux qui ont affaire à la justice en soient prévenus. A chaque plaid et en chaque lieu, le schultheiss doit un présent aux juges, à savoir : un denier.

5. Les délits qui appartiennent à la Seigneurie sont de 15 sous, 25 sous et 10 livres, qui, en monnaie de Rappen, valent 50 sous.

3. Dans ces plaids, les petites amendes appartiennent au schultheiss ; celles pour gros délits, à la Seigneurie.

6. Les seize jurés ont aussi d'ancienneté le droit de faire des défenses dans la commune, pour des choses de peu d'importance, sous la peine de 12 sous, de 2 sous et même de 5 sous. Cet argent revient aux jurés, qui devront l'utiliser dans l'intérêt de toute la commune.

Texte de 1564.

est et doit estre contraint et attenuz, selon leurs anciennes coutumes, de tenir les plaids bannaux (13) quatre fois l'année ; c'est à sçavoir, à chacun lieu des dites paroches une fois et en temps compétant (14), convenable. Et doit quinze jours devant les plaids faire proclamer en chacune église du dit Val, atin d'advertir ceux qui y auraient à faire pourtant sy sçavoir conduire. Et iceluy prevost devra à chacun jour des dits plaids un disner (15) à la justice.

5. Toutes fois nonobstant les dits plaids bannaux doit nostre prevost à chacun, qui voudra se complaindre entre iceux plaids, ne refuser de lui tenir et faire bonne et brebve expédition et justice (16).

6. Item toutes hautes et grandes amandes que montent plus de cinq sols come quinze ou vingt cinq sols et dix livres que vaellent de bonne monnaie cinquante sols qui écheent es dits plaids ou autrement par quelques désobéissance d'aucuns mandemens ou commandemens ou d'autre part en manière que ce soit, icelles amandes nous doivent appartenir et compéter, et les petites amandes qui eschoyent montant desoubs cinq sols jusque à cinq sols doivent et peuvent appartenir au profit du bien comun du dit Val (17).

7. Item les dits seize officiers du dit Val selon leurs coutumes anciennes doivent avoir ceste liberté de faire commandement au commun, sans licence du dit prévost, de douze deniers deux sols jusques à cinq sols au plus haut, s'il était de nécessité pour quelques fautes et désobéissance que le peuple peut faire.

8. Item pour ce que sont plusieurs qui veullent plaidoyer et ne peuvent les hostes estre payez des despens de la justice, nous voulons et ordonnons que celuy qui voudra plaidoyer doit donner et mettre premier que il comence le plaid une some d'argent, ainsi qu'elle sera trouvée par la justice ; et, après l'adjournement des parties, sy aucune d'elle cependant faisaient accord, doit-elle néanmoins estre tenue en payer les despens avec le dit argent (18).

Texte de 1513.

21. Pour les affaires jugées dans le val à Urbeis (Orbey), Zell (le Baroche) et Urbach (Fréland), on peut porter appel d'abord devant les quatre jurés et le schultheiss à Schnerlach (la Poutroye), ensuite devant les seize jurés du val, et de là devant Notre Gracieux Seigneur de Ribeaupierre, à Ribeauvillé : telle a été jusqu'ici la coutume et la tradition. On n'a pas songé à pousser l'appel plus loin.

22. Pour une affaire jugée et terminée dans le val, après enquête et discussion régulières, on ne permettait pas d'appel. Cependant si la partie vaincue avait commis quelque négligence ou omissions, elle pourrait obtenir une révision du procès en payant une amende de 60 sous, ou 15 sous Rappen ; mais cette révision ne se fera qu'une fois.

26. Il est d'usage et tradition que les seize jurés du val, quand ils ont eu besoin de se réunir pour quelque affaire, s'assemblent à la Poutroye, à moins que l'autorité, l'avoué ou le schultheiss ne leur indique un autre lieu.

13. Un bourgeois lié par serment à la Seigneurie ou au schultheiss, qu'il soit issu du val ou d'ailleurs, a la franchise, d'après l'usage, de quitter la Seigneurie et le bailliage quand il lui plaît, après avoir satisfait au curé, à la Seigneurie et aux habitants auxquels il devrait quelque chose. Il peut aussi revenir ; et il sera reçu, s'il est libre d'engagement avec un autre seigneur quelconque et d'affaire qui pourrait entraîner la Seigneurie ou le schultheiss dans des désagréments.

Texte de 1564.

9. Item tous plaids et querrelles desduits et menez par justice au dit Val desquels on peut appeler ont leur recours et appellation. Premièrement devant les quatre officiers de la Poutroye ensemble le dit prevost. Secondement devant les seize du dit Val estant en justice au lieu de la Poutroye, et tiercement devant nous (19), comme la superiorité, [*ou dans les procès entre nos sujets se doivent finir et point estre appellez plus avant selon les droits impériaux*].

10. Item en une cause plaidoyée, desduite et menée par justice en laquelle témoignage prins et avoir ouy suffisamment tout ce qui estoit consonnant et nécessaire ny doit avoir nul traict et appellation (20), mais sy la partie decheutte, sçavoir aucunement avoir redargez (21) se peut recourir et faire nouvelle plaid en donnant premier pour amande soixante sols que vallent quinze sols de Rappes et lui doit estre octroyé seulement une fois et non plus.

11. Item que quand les dits officiers et jurez ont necessitez pour quelques affaires d'estre ensemble, icelle asemblée d'eux se doit faire au lieu de la Poutroye, selon l'ancienne coutume et usage, sy donc n'estait qu'ils eusent autre commandement de nous, nos chatelain (22) ou prevost.

Touchant les bourgeois qui veullent despartir hors du dit Val et ceux qui se veullent faire bourgeois.

12. Item nous voulons que un chacun de nos bourgeois du dit Val et de nostre prevosté doit jurer et faire serment à nous, ou en la main de nostre prevost, présente la justice du dit lieu, d'estre bon et loyal bourgeois et sujet. Et sy aucun des dits bourgeois se voulait départir de nous et de notre dite prevosté (ce qu'il peut faire tout et quante fois qu'il lui plaira), il doit premierement eu soy quittance de nous de son serment de bourgeois (23), satisfaire honnestement à l'église (24), à nous (25), et à tous autres de nos habitants et sujets, sy aucuns ils doivent quelques choses. Mais après

Texte de 1513.

Texte de 1564.

son departement, iceluy a cette authorité et puissance d'y retourner quand il luy plaira et se refaire bourgeois, lequel devra estre receu, par ainsy qu'il soit departy, manifestement, et sans reproche, et qu'il soit franc, quitte, et libre de tous autres seigneurs, pareillement qu'il n'aye nulle cause, plaids ou debat entamez, pourquoy nostre dit prevost ou nos officiers en puissent estre empeschez ou molestez.

14. Tout étranger qui veut s'établir dans la Seigneurie et le bailliage, sera reçu dans les mêmes conditions, à savoir : qu'il n'est engagé envers aucune autre Seigneurie, et qu'il n'a sur le dos aucune affaire. Il prêtera serment en présence de la justice.

13. Item un deforain ou estranger qui désirera et voudra demeurer dessouz nous, en nostre dite seigneurie, doit estre receu par manière et condition devant dite (26), à sçavoir, d'estre franc et quitte d'autres seigneuries et tous différants, et faire le serment en la main du prevost, en présence de la justice, tel que on luy peut attraire et nommer, et aussi que tout premierement il paye un franc de Lorraine, sçavoir au prevost six gros et à la justice les six autres.

Touchant la capitenerie.

27. Ils ont aussi l'usage et la coutume d'élire un capitaine. Celui-ci jure ensuite au schultheiss d'être bon, juste et loyal; la communauté lui jure aussi obéissance et soumission convenable : on en fait autant pour le porte-drapeau. Quatre hommes élus par les quatre paroisses et agréés par le capitaine, jurent au banneret de rester avec lui, de défendre honnêtement et loyalement la bannière partout et contre tous, sans céder ni fuir, sous peine de mort.

14. Item ordonnons que nos dits sujets du Val peuvent et doivent, selon leurs anciennes coutumes et usances, eslire un capitaine pour tout le Val, lequel ils nous doivent tout premièrement présenter, et après iceluy doit jurer et faire serment à nostre dit prevost en lieu de nous, d'estre vertueux, prud, juste et féal à nous et à nostre dit Val. Auquel capitaine le commun peuple doit aussy faire serment de lui estre obéissant selon droit et raison. Et semblablement peut-on faire d'un bannerot auquel doivent jurer quatre hommes de chacune baroche eslis et receu par ce capitaine d'estre juste et loyaux, suivant la bannière, partout et envers tous qui voudront estre contre nous eux, sans fuyr ny vancher, sur peine de perdre la vie.

Touchant la vie d'un bon chrestien (27).

15. Item pour autant que grand outrage et mal est venus et procedé aucunne fois, et en viennent encor

Texte de 1564.

journellement de trop boire et bringuer (28) que ne servent à autre chose, sinon à perdition de corps et ames, nous voulons que tels outrages et mal de cette superfluité ne doit point estre impunis. Nous ordonnons, sy, doresnavant et au temps advenir, aucun s'enyvrait tellement qu'il fit quelques noise, débat ou qu'il dit des injures ou vilainies à quelquun, ou fit autres mechancetez, et après qu'ils se veulent excuser en disant qu'il avait esté yvre, son excuse ne doit estre valable, et le doit-on mener au lieu de Hohennach et estre en prison trois jours et trois nuits en pain et eaux.

16. Item quel grand mal que procede hors de la Joüerie n'est à personne inconnu, pour autant deffendons les jeux (29) quels qu'ils soient à tous et chacun, tant enfans que serviteurs, comme à nos bourgeois du dit Val, de ne point jouer iceux jeux, soit de nuit ou de jour, — mais, pour cause de recreation, les dits bourgeois peuvent aucunement jouer quelques jeux honnestes pour quelque petit argent et par ainsy que ce soit de jour et non pas de nuit, sans licence de la justice,— sur peine de dix sols d'amande, et l'hoste qui les soutiendrait de nuit jouer ainsy sans licence de justice doit payer l'amande double.

17. Item touchant ceux qui blasphement et jurent sy très-enormement le sang, la mort, les plaies et passion de nostre benoit Sauveur Jesus Christ, par lesquels blasphemateurs ne serait pas merveille que Dieu punit et chatie les bons avec les mauvais, sur ce commandons et voulons que l'on meine tous ceux qui feront tels blasphemes et injures à Dieu, au lieu de Hohennach, à estre chatié à nostre plaisir et volonté (30).

18. Item aussy pour ce qu'il y a plusieurs qui n'ont crainte de Dieu et ne font festes ne dimanches, mais vont au marché come un autre jour, nous ordonnons que personne quel qu'il soit ne frequentassent les dits jour de festes et dimanches statuez par la sainte Eglise avec marchandises ou autres choses, soit

Texte de 1513.

Texte de 1564.

au marché ou autre part, sans cause légitime, et commandons tenir et observer icelles festes et dimanches selon l'ancienne coustume et nos ordonnances et statuts que nous avons fait hautement publier, comme l'on trouvera sur tous ces dits articles, sur peine de deux francs (31).

Touchant les hauts bois et eaux du dit Val.

7. Les hautes forêts et les eaux appartiennent à la Seigneurie. Quand il y a glandée, la Seigneurie peut en profiter. Les habitants et la communauté du val jouissent de la faculté usagère d'envoyer dans les forêts autant de porcs qu'il en faut à chacun pour sa maison; ils peuvent aussi faire des parcs et des clos pour y mettre leurs bêtes jour et nuit.

8. La communauté du susdit val jouit aussi de la coutume et franchise de pêcher dans l'eau, avec la main, aux endroits où l'on ne peut pas détourner les eaux; mais on ne peut employer ni filet, ni un autre instrument. Cependant ceux qui ont leurs femmes en couche, ou des malades, peuvent aller chez celui qui a loué la pêche de la Seigneurie, et lui demander la permission de pêcher pour ces personnes. Le fermier la leur accordera, à condition que cela se fasse sans fraude.

9. Celui qui serait trouvé de jour par un appariteur ou un garde champêtre faisant du mal dans les eaux et les forêts mis en défends, payerait 25 sous pour ce délit; 20 sous reviennent à la Seigneurie, et 5 sous à la justice pour l'utilité commune.

10. De nuit, il paye 10 livres ou 50 sous Rappen. Un juré ou un fonctionnaire paye 10 livres s'il commet ce délit de jour.

19. Item en nos hauts bois (32) du dit Val ont les dits nos bourgeois et sujets ceste franchise et liberté de mettre dedans iceux des porcs, à sçavoir chacuns sujets pour le fruit de sa maison seulement, et non plus, et faire parc et logis des dits bois pour héberger et entretenir jour et nuit les dits porcs (33) : [*toutefois nos sujets nous le doivent tousjours premierement donner à connaistre et entendre.*]

20. Item nous deffendons (34) toutes eaux du dit Val de pescherie et voulons que nul quel il soit ny pesche soit au sentir de la main sans filet ny autre engins tant en lieu que l'on ne peut faire tanches (35), comme autrement, sans nostre licence ou le consentement des admodiateurs dicelles eaux.

21. Par celui malfaisant èsdits bois et rivières que sont de garde, s'il est trouvé, par officiers, doyen, ou banvard, de jour, doit l'amende de vingt-cinq sols, des quels vingt-cinq sols, nous appartiennent vingt sols, et les autres cinq sols à la justice pour le bien commun; et quand quelqu'un sera trouvé de nuit, iceluy doit payer l'amende de cinq livres de Rappes; et sy cas estoit que le mefaisant fut un officier ou juré il devra tousjours le double d'amande (36), à sçavoir de jour deux livres et demy, et de nuit dix livres de Rappes.

Texte de 1513.

11. Les habitants du val ont aussi l'usage, la coutume et la franchise sur tout le gibier, sauf les cerfs, les chevreuils et les biches. La chasse de ces animaux leur est défendue aussi sévèrement que la Seigneurie le peut faire.

12. Lorsque les habitants du val chassent le gibier qui leur est permis et sur lequel ils ont droit, quand ils le lèvent dans la Seigneurie, ils peuvent le chasser et le poursuivre hors du val, partout, et si les bêtes qu'ils ont lancées tombent quelque part dans une corde, un filet, une fosse ou dans un autre piège, ils peuvent les prendre, à condition d'en remettre une patte ou 4 deniers en place.

Texte de 1564.

Touchant la chasse pareillement (37), aucunes franchisses et ordonnances des dits bourgeois.

22. Item, quant à la chasse des bestes sauvages, nous ordonnons come s'ensuit : C'est à sçavoir que nos dits sujets ont ceste franchise de chasser porcs, sangliers grands et petits par ce moyen qu'ils nous ou nostre chastelain de Hohennach en advertissent et denoncent premierement à chacunne fois, et de chacuns porc ainsy pris nous doivent donner et envoyer, pour nostre droiture, la teste coupée selon le bout des oreilles, et aussy la droite jambe de devant avec trois costes, et sy daventure en chassant ainsy les dits porcs ou autrement ils prennaient cerfs, chevreux ou biches, les nous doivent envoyer tout entiers en vuidant seulement les tripes dehors, et sy les cerfs estoient gras, y doivent laisser la dite graisse dedans. [*Toutes fois nos dits sujets se doivent detenir des bois que nous leur deffenderons quant ils voudront chasser.*]

23. Item les dits sujets peuvent chasser ours, loups et renards, sans notre licence, quant il leur plaira, et s'ils prennent un ours, nous doivent envoyer la teste bien long coupée et les quatre pieds pour nostre doiture, mais les loups et renards sont à eux.

24. Item nous voulons que quant nos sujets du dit Val prendront quelque luxe ou martres qu'ils nous les doivent envoyer. C'est à sçavoir le luxe tout entière en vuidant les trippes dehors et les peaux des martres ; a l'encontre devons payer à eux nommément vingt quatre gros d'un luxe, d'un gentil martre à col jaune douze gros et d'un autre martre à col blanc six gros, [*et ne doit aucun chercher les tendues d'un autres, ne luy prendre ou desrober les martres, sur peine nous reservant contre iceluy*].

25. Item nos chatelain, prevost et capitaine dudit Val come principaux officiers peuvent par raison et doivent chasser les lievres. Mais il ne doit pas etre consenti à la commune.

Texte de 1513.

25. Les habitants du val ont eu l'habitude et la franchise de ne donner pour pain et vin, ni umgelt, ni mauvais denier.

35. Les habitants du val peuvent aussi, tous les ans, enclore chacun environ une fauchée de prés dans le voisinage de leurs maisons, à condition toutefois que cette fauchée soit en dehors du parcours habituel des bêtes.

36. Lorsqu'ils ont des bêtes qu'ils élèvent dans leurs écuries ou leurs maisons, ils peuvent les envoyer sur tous les pâturages, à condition de les rentrer le soir dans leurs maisons ou leurs granges.

33. Celui qui n'envoie pas ses bêtes avec le troupeau commun, doit les faire passer de sa maison dans sa grange avant la Chandeleur ; si on les trouvait plus tard sur le pâturage commun, le propriétaire des bestiaux serait condamné à payer à la commune la taille de la Saint-George.

Texte de 1564.

26. Item nous deffendons tous gentils oyseaux vieux et jeunes, à sçavoir, come faulcons, vautours, espreviers, les faisans bruyans et les gelines sauvages de nous les prendre sans nostre licence et consentement.

· 27. Item [*lesdits habitans du Val chassant ainsy des porcs sauvages par la connaissance de nous ou de nostre chastelain de Hohennach come devant est dit*], quant ils levent la chasse au dit val, ils peuvent et doivent, selon nos privileges, chasser telle sauvage hors du dit val et poursuivre partout ; et s'il advenait que la beste par eux chassée tombât en quelques filets, cordes, fosses, ou autrement, ainsy qu'elle fut prinse, les dits chassans doivent prendre leur proie en laissant un pied de la beste en filets ou cordes, ou bien quatre deniers.

28. Item les dits habitans ont et doivent avoir cette franchise, selon l'ancienne coutume, sur pain et sur vin, de point donner ou payer de gabelle (38) ou mauvais deniers.

29. Item ils doivent clore et fermer toute l'année une faulcye de prez ou environ au plus près de leur maison (39), par ainsy que iceluy prez soit hors des issues et passée de toutes bestes.

30. Item ceux qui ont bestail en leurs granges ou maisons les peuvent faire aller en tous pasturages par ainsy qu'ils retournent le soir en leur maisons et granges.

31. Item le bestail d'une grange de celuy qu'il ne plaît les chasser avec les bestes de la commune, les doit oster hors de la maison et mettre en sa grange devant les chandeller (40), car s'il est trouvé plus avant au pasturage de la dite commune, il devra la taille de la Saint-George à la commune (41).

32. Item touchant les chèvres que le commun peuples voudrait faire aller à la commune pasturer

Texte de 1513.

Texte de 1564.

come a esté par devant, sy ordonnons et voulons que celuy qui ne soutient point de vaches peut et doit avoir deux ou trois chèvres seulement, et non plus (42), pour nourrir ses enfants, et les doit aussy pasturer aux lieux ordonnez par la justice.

33. Item pour autant que plusieurs veulent avoir et tenir aucun bayes et bagis pour leurs propres héritages, commandons et voulons que a personne soit octroyé ne consenti de tenir ny empescher aucunne haye ou bagis, s'il ne montre par avant par tesmoins suffisans ou autrement que ce soit son propre héritage, ou qu'il nous en paye de ce rentes ou cens (43).

34. Item touchant les arbres come poiriers, pommiers et serisiers, ou de quelle sorte de fruits qu'ils soient, que sont sur l'héritage d'aucuns habitans du dit Val, desquels en viennent et sortent grandes querelles en cueillant et partageant les fruits des dits arbres, c'est que nous ordonnons et voulons que les susdits arbres doresnavant doivent appartenir avec tous les fruits seulement à celuy à qui appartient la terre et point à autres personnes (44), toutesfois par ainsy et ce moyennant que iceluy se doit tout premièrement admiablement ou par estime de personne ordonnée appointer avec ceux qui avaient eu droit aux dits arbres.

16. Si un bourgeois se permettait quelque acte de mépris ou de méchanceté qui ne fût cependant pas criminel, et si le coupable avait quatre bons bourgeois pour cautions qui voulussent répondre pour lui à toute réquisition, le schultheiss acceptera ces cautions sans autre punition et sans prison, à moins qu'il ne fût résolu par la Seigneurie, le schultheiss et le juré, d'imposer la peine légale : telle a été jusqu'ici la coutume.

35. Item sy aucun bourgeois avait fait ou offencé aucun forfait sans toucher en cas criminel et le dit offenceur peut trouver quatre bonnes seurtez pour respondre en justice tout et quant fois qu'il en sera requis, notre prevost doit et peut accepter et prendre les quatre pour seurtez sans mettre iceluy offenceur en fosse ni prison de Hohennach (45), sy donc n'estait trouvez par nous, notre dit prevot, et justice du dit Val, de chastier avec ce le dit offenceur.

17. Lorsqu'un malfaiteur est mis en prison ou dans les fers pour un menu délit par le schultheiss ou la justice, il doit à l'appariteur 15 deniers de Rappen.

36. Item sy aucun malfaiteurs ou offenceur en petit cas et pour petite chose est mis en sappe ou fers par le prevost et justice, il doit au doyen du lieu quinze deniers de Rappes.

Texte de 1513.

15. Si dans la maison d'un bourgeois ou d'un manant il se commet quelque mal par maladresse ou par méchanceté, comme rixe, injures, atteintes à l'honneur, coups, vol, rapt ou autre chose, contre ce bourgeois, sa femme, ses filles, ses fils, ses serviteurs, ses servantes, sa maison ou ses biens ; et si ce bourgeois porte plainte, on doit accepter sa plainte sans autre témoignage que le sien.

34. Tout habitant peut être aubergiste, boucher ou boulanger, et jouir des autres franchises ; il peut émigrer, si cela lui plaît. Les jurés de chaque endroit doivent veiller au maintien de ces droits.

18. Quant aux achats et ventes dans le val, et en particulier aux échanges et contre-échanges, tout doit se passer honnêtement, loyalement, régulièrement et justement, sans tromperie, déception, détournement et déshéritance d'aucune espèce, sous peine et amende de 10 livres de la susdite monnaie.

19. Tous les achats et ventes doivent être publiés et proclamés pendant trois dimanches consécutifs. Pendant ce délai, les héritiers du vendeur ont la faculté et le pouvoir de contredire la vente et l'achat. Après le troisième dimanche, le mardi au plus tard, l'héritier qui veut contredire et manifester sa pensée, peut accepter l'achat ou tout autre marché, pour la même somme, avec les mêmes termes de payement, sans aucune différence, aux conditions qui avaient été arrêtées entre le vendeur et l'acheteur précédent. Cependant il rembourse à l'acheteur précédent son pot-de-vin, qui doit être de deux pots et pas davantage.

Texte de 1564.

37. Item pour l'amour de mauvais garçons, pilleurs et coureurs de pays (46), pourtant que les maisons des bourgeois du dit Val sont loin l'une de l'autre, Nous ordonnons que sy au temps advenir aucuns de ces dits non connus et qu'il ne fut point bourgeois du dit Val faisait aucune dicension, noise et débat, injures, vilainies, deshoneur, baterie, ou roberie, ou quelques autres choses à aucuns de nos bourgeois, que iceluy en face plaintif contre les dits malfaiteurs, il doit estre creu à la seule parole sans autres témoins (47).

38. Item Nous voulons et Ordonnons que la justice du dit Val fassent et mettent des boucheries ainsy et autant qu'ils verront estre de nécessaire, et non pas que chacun bourgeois peuvent et doivent estre boucher (48).

Touchant les vendages et acquest.

39. Item tous les contrats soit vendages ou achapts qui se font au dit val d'Orbey, et principalement de change ou contrechange d'héritage, se doivent faire justement, bonnement et léalement sans tromperie, déceptions, ne desheritance quelconques (49), sur peine et amande de dix livres (50).

40. Item tous vendages et achapts ont cri par trois dimanches en suivant l'un après l'autre, et pendant iceluy terme les hoirs du dit vendeur peuvent et ont puissance de contredire le dit achapt et vendage entre les dits trois dimanches ou au plus tard le mardy après le troisième dimanche. Et peuvent retenir (51) celuy achapt et vendage a tel marché et terme de payement, condition, et manière que ledit achepteur et vendeur ont été fait et traicté par ensemble parmy payant le vin au premier achepteur que montent à deux quartes de vin (52).

Texte de 1513.

Texte de 1564.

41. Item nous Voulons et ordonnons que, aux achapts et eschanges tenus l'espace de dix ans paisiblement et sans empeschement d'aucunes personnes, ny doit plus avoir recours (53), [ce cas n'estail que ce fussent des pupilles ou enfans, ou femmes non mainbournées qui seraient esté trompez de la moitié du dit achapt ou eschange (54)].

20. Les gages doivent être publiés et proclamés pendant quatre dimanches consécutifs : trois fois à l'église, et une fois hors de l'église, aux lieux fixés par l'usage et la coutume. Si personne ne le réclame, le gage, immeuble ou meuble, demeure en la possession de celui qui l'a pris et fait publier. Celui auquel on l'a enlevé peut, s'il y tient, le dégager pendant le délai de ces proclamations.

42. Item toutes Gagiers se doivent debeucher et estre criez par quatre dimanches ensuivant l'un après l'autre, c'est à sçavoir trois en l'église et un dehors en lieu convenable à ce faire, selon l'uz et coutumes du dit Val. Et s'il n'y a contredit, il la doit faire debeucher encore trois autres dimanches en l'église, et sy personne ny contredit encore à donc celuy héritage ou bien, demeure a iceluy qui la fait debeucher et proclamer pour gaiges pour en faire à son bon plaisir come autre son bien (55).

Touchant les héritances (56).

23. Après la mort du père et de la mère, les enfants se partagent leurs biens par portions égales. Les enfants mariés et dotés peuvent se contenter de leur dot et renoncer à l'héritage. Lorsqu'ils ne veulent pas s'en contenter et renoncer à leur part, on défalque d'abord de la succession le montant de leur dot.

43. Item — Après le trespas de deux personnes qui delaisseront des propres enfans en vie estant par eux procréez en loyauté de mariage (57), iceux enfans doivent par ensemble conjointement hériter et égallement partager tous les biens de leur père et mère (58), et sy aucuns diceux avait reçu au vivant des dits père et mère quelques biens d'eux en mariage, iceluy attendre d'entrer en partage de l'héritance jusque à ce que les freres et sœurs auront autant prins qu'il a eu, et doivent les anciens qui ont plus d'un enfant prendre garde quant aux biens qu'ils donneront à iceux enfans en mariage de les partir entre eux egalement, afin qu'après leur mort les dits enfans puissent conjointement avoir l'un autant comme l'autre (59).

32. Deux époux sans enfants peuvent se faire des donations viagères.

44. Item homme et femme en léale mariage qui n'ont point d'enfans peuvent faire donnation ensemble pour leur vivant tant seulement et icelle doit estre en vigueur et valeur, selon les anciennes coutumes et franchises (60).

30. Ils ont aussi usage, coutume et franchise, [que toute donation

45. Item toutes les donnations ainsy faites en mariage doivent

Texte de 1513.

faite en vue du mariage est valable et pleine de force.

28. Les habitants du val et la majorité de la justice et de la communauté prétendent que tous les anciens immeubles et les anciennes acquisitions, après la mort des parties, retournent aux héritiers de la partie de laquelle ils proviennent. Exemple : un homme et une femme ont des enfants pendant leur union ; le mari meurt, les enfants héritent ; ceux-ci meurent avant la mère ; celle-ci hérite de ses enfants. Après le décès de la mère, les biens, apports ou acquêts, reviennent aux plus proches héritiers de celui dont ils proviennent. Sur ce point, le schultheiss, Menge Uff der Brucken, Menge Wannessen, Antheage von Lanugen, Rode et Claude son fils, prétendent que les plus proches héritiers ne doivent prendre que les apports, et non les biens achetés ou acquis. Les habitants et sujets du val demandent l'avis et la décision de Votre Grâce.

29. Lorsque deux époux ont des enfants et que l'un d'eux meurt, le survivant doit avoir la jouissance viagère de son héritage tant qu'il ne se remarie pas. Après son décès, s'il n'y a point d'enfant en vie, les biens sont partagés et retournent au côté d'où ils viennent, à moins que les conjoints n'aient fait ensemble quelque contrat valide.

24. Les petits-enfants héritent du grand-père et de la grand'mère, avec les héritiers directs, à la place de leur père ou de leur mère décédés.

Texte de 1564.

avoir forces et vertu, et sont de bonne valeur selon les anciennes usages et coutumes (61).

46. Item (62) après le trespas de l'une des deux personnes alliées en loyal mariage, qui ont enfans par ensemble, le survivant doit tenir tous les biens d'iceluy trespassez, son vivant tant seulement, et par ainsy que point ne se remarie, et qu'elle tienne en bon estat les enfans comme il appartient. Et si c'estait la volonté divine que les dits enfans tant qu'ils seront plusieurs ou un allassent aussy de vie à trespas avant le conjoint survivant soit le père ou la mère, iceluy (63) doit hériter tous les acquest qu'ils aurayent faits ensemble et aussi tous les biens meubles pour tousjours, mais les anciens heritages sa vie durant tant seulement Ains après la mort du dit survivant, iceux anciens heritages doivent retourner à l'ancienne lignée dont ils sont venuz et procedez.

47. Item, suivant le trespassement d'homme et feme en léalle mariage que n'ont point d'enfans ensemble, tous les biens d'un chacuns retournent au plus prochains heritiers, sy n'en avaient fait donnation par ensemble fut-ce de valeur (64).

48. Item enfans d'enfans doivent hériter en lieu de leur père et mère, les propres enfans comme avec leur oncles et tantes du premier degré en branches et non pas en teste, c'est-à-dire, s'ils sont un ou plusieurs enfans d'enfans, ils font seulement une partie come fait un de leurs dits oncles, selon le commun droit escrit et le département de l'Empire publié en la journée de Vorns.

49. Item tous enfans d'enfans nommez cousins germains doivent

Texte de 1513.

Texte de 1564.

hériter ensemble en égal portion en teste et non pas en branche, c'est-à-dire, que l'un doit autant prendre que l'autre (65).

31. Toute donation devant l'église doit se faire en présence du schultheiss et des jurés de l'endroit, d'après la coutume : ainsi elle est valide. Ils ont la franchise de disposer de leurs biens en faveur de bâtards, serviteurs ou autres.

50. Item toutes les donnations faites devant l'église, selon les uses et coustumes (66), se doivent faire par devant le prevost et justice du dit lieu (67), et sont de bonne valeur. Et ont nos dits sujets puissance et franchise de donner leurs biens à qui leur plaira (68), [*toutes fois par ainsy qu'ils n'ayent point d'héritiers ne appartenance aucunement*].

Sur ce Nous (69) Egenolph, seigneur de Ribeaupierre devant nommé, Mandons et commandons à nos chatelain de Hohennach, prevost d'Orbey, singulièrement présent et advenir, pareillement à tous nos bourgeois sujets et habitans de nostre val d'Orbey et à un chacun d'iceux de garder, observer, et tenir ferme et stable, les devant escrites anciennes coutumes, usages, nos ordonnances et statuts renouvellez, et diligemment obéyr à icelle sans aller faire ou dire au contraire en manière que ce soit, — sy donc n'estoit que Nous, nos hoirs et successeurs seigneurs de Hohennach les changions et ordonnions autrement, — soubs peine et amande que nous nous réservons contre le transgresseur. En tesmoin de vérité, nous avons fait mettre et appendre nostre grand scel à ces présentes ordonnances et statutz de nostre Val, que furent faites et données en nostre ville de Ribeauviller le dix septième jour (70) du mois de mars de l'an de grâce Nostre Seigneur et Redempteur mil cinq cent soixante et quatre.

Collationné : J. C. LOUIS.

NOTES.

(1) Le préambule de la Coutume de 1536 est identique à celui de la Coutume de 1564, sauf la partie qui, dans le dernier texte, est relative à Guillaume II.

(2) Egenolphe III, dont le père était mort en 1531, succéda, en 1547, à son grand-père Guillaume II.

(3) Geroldseck des Vosges, afin de distinguer cette localité d'Alsace d'un autre Geroldseck situé en Allemagne.

(4) Baroche, *parochia*, paroisse.

(5) Pagonzelle : c'est l'unique fois, à ma connaissance, que le village de La Baroche reçoit cette dénomination. Peut-être la tire-t-il de *Pagensis Cella*, l'*Eglise* (Zelle) principale du *Pagi*, de la vallée. La Baroche était vraisemblement le chef-lieu religieux de la communauté, comme La Poutroye en était le chef-lieu judiciaire (art. 26 du Coutumier de 1513 et art. 11 des Coutumiers de 1536 et 1564). Sur le *Pagus canonicus*, voyez Baluze, capitulo I, p. 401 et II, p. 442.

(6) Au moment de la rédaction du Coutumier, il existait, comme à présent, dans la vallée d'Orbey, cinq villages et un certain nombre de hameaux. Chacun de ces villages portait à la fois deux noms, l'un français, l'autre allemand : Orbey ou Urbis, La Poutroye ou Schnœrlach, Freland ou Urbach, La Baroche ou Zell, enfin le Bonhomme ou Diedolshausen. On remarquera que cette dernière localité n'est pas mentionnée dans le Coutumier. Elle ne l'est pas davantage dans les lettres d'investiture données aux Ribeaupierre par la maison d'Autriche. Pourquoi cette omission? Je l'ignore. Schœpflin (Ravenez, *Als. illustr.*, t. IV, p. 288), en l'expliquant par le « voisinage des frontières de la Lorraine, » allègue, à mon sens, une raison sans aucune portée ni valeur.

(7) Lié aux Ribeaupierre par un serment de fidélité, le schultheiss était dans le val d'Orbey leur principal officier, leur représentant ; et, comme insignes de sa dignité et symbole de son autorité, il était investi du sceptre, ce pendant de la couronne et de l'épée.

Sous le rapport administratif, ses pouvoirs étaient aussi variés qu'étendus.

Au point de vue judiciaire il présidait le tribunal des Seize ; il en dirigeait les délibérations sans prendre part personnellement à la solution des affaires. De plus, il faisait exécuter les sentences de cette juridiction. Au premier plaid banal après sa nomination, il jurait fidélité à son maître et seigneur; il jurait également de respecter le droit municipal et traditionnel dans l'administration de la justice.

Sur les attributions du schultheiss, voir les textes inédits rassemblés par M. Hanauer, *opp. cit.*

(8) Les Seize du val d'Orbey, réunis sous la présidence du prévôt, distribuaient la justice tant en matière civile qu'en matière criminelle. L'article 7 les investissait encore du pouvoir de légiférer au sein de leur commune, et de dresser, comme nos maires actuels, des règlements locaux de

police. Ailleurs, on les voit remplir les fonctions d'administrateurs et d'officiers publics. Dans le plaid banal qui suit leur élection, le prévôt, après leur avoir donné lecture publique du statut, reçoit leur serment politique et professionnel, et, après l'accomplissement de cette formalité, il les installe dans leur charge annuelle. Notre Coutumier ne contient pas la formule de leur serment, mais il est facile de la retrouver dans d'autres documents alsatiques qui la reproduisent d'une façon uniforme. Les Seize juraient solennellement fidélité au seigneur; ils juraient en outre de juger bonnement et dûment des questions sans porter faveur ni haine, et de garder le secret de la justice. (Voir Coutumes de Lièvre, art. 1er, et M. Hanauer, *opp. citt.*, passim.) De nos jours, l'article 312 du Code d'instruction criminelle et la loi du 31 mai 1841 (art. 36) se contentent de demander le serment professionnel aux jurés en matière criminelle et en matière d'expropriation pour utilité publique, tandis que la loi du 8 août 1849 (art. 8) astreint les magistrats de l'ordre judiciaire, comme les Seize du val d'Orbey, au serment politique et professionnel.

Quant au nombre des jurés, chaque localité d'Alsace avait sa règle particulière : il était plus ou moins considérable, mais non arbitraire. Il avait, à ce que je crois, pour double base le chiffre et l'importance des localités relevant de la même juridiction et comprises dans le même bailliage.

(9) Elire ses juges, c'est pour le peuple un droit éminemment important. C'est l'origine du jugement par les pairs, l'origine du jury. Cette primitive tradition de la Germanie (Tacite, *De mor. Ger.*, c. 11), qui avait pénétré dans notre province avec les lois barbares (*L. sal.*, tit. LX, et *L. rip.*, tit. LV), les Capitulaires (de Dagobert en 630 et de Charlemagne en 809 : Baluze, I, col. 68 et 467), et le Miroir de Souabe (édit. Matile, liv. I, c. 83), s'était perpétuée dans les statuts des villes, les urbaires et les rotules colongers. Le lecteur désireux de s'instruire des origines et des progrès du jury en Alsace, trouvera les développements de cette institution dans MM. de Bigorie, *le Jury en matière criminelle*, p. 77; Véron-Reville, *les Anciennes juridictions d'Alsace*, passim, et surtout Hanauer, *opp. citt.*, qui donne beaucoup de textes inédits.

Comme exemple de l'administration de la justice par les pairs, nous citerons le rotule colonger de La Poutroye. Ce document aura en outre l'avantage d'éclairer d'autres parties de notre travail et de faire connaître les associations de même nature qui existaient à Fréland et à La Baroche. (Voir, pour ces dinkhoff, Archives du Haut-Rhin, fonds de l'abbaye de Pairis, et fonds de la seigneurie de Ribeaupierre, E. 826 et 875). Voici le texte de la *Colonge de La Poutroye*, anno 1698 :

« Declaration des droictz et priuileges qui onts estés cedés, accordés et donnés par les Empereur et Roy des Romains a l'abbaye de *Sainte-Croix* pour vn djnckhoff ditte condition et menantie a *La Poutroye*, val d'*Orbey* auec les reuenues en despendants audit val, tant en droit de collateur, dixmes, censes, rentes, bois et aultres droictz, lequel djnckhoff et menanties et tous ce qui en despend a esté cedé a l'abbaye de *Pairis* par messieurs du Magistrat de la ville de *Colmar*, en l'année mil six cents soixante et huit, qui en estoient alors veritables maistres et possesseurs, comme estants seigneur de *Sainte-Croix* et au droit de ladite abbaye dudit *Sainte-Croix*, et, le tout, a esté veue, renouuellé, examiné et tiré au plus exacte des tittres produit en allemend et françois cejourd'huy douzesiesme Januier mil six cent nonante huit.

« Premierement, le seigneur dudit djnckhoff, qui est dont a present Monsieur l'abbé de *Pairis*, est seigneur collateur dans les Paroisses d'*Orbrey*, *La Poutroye* et *Bonhomme*.

« Et ledit seigneur doit tirer et leuer la troisiesme part de touttes la dixme des grains et les sieurs Curés vn tier, sçauoir aux villages d'*Orbey*, *La Poutroye*, *Hechimet*, *Grand trait*, et au *Bonhomme*, jusque a sur les hauts appelés fürst [1].

« Ledit seigneur est reciproquement obligé d'entretenir en bon état les maisons curialles d'*Orbey* et *La Poutroye*, a proportion du tier qu'il tire dans la dixme contre messieurs d'*Oberkerich* pour la proportion du tier qu'ils tirent aussi dans la dixme.

Ledit seigneur du djnckhoff doit jouir d'un canton de bois et forest qui luy appartient vniquement, proche ce village de *La Poutroye*, lequel est marqué et enuironné de pierres, bornes, et personne auttre ny doit entrer ny coupper aucuns bois sans sa permission sous paines de grandes amendes.

« Ledit seigneur auec son djnckhoff doit juger des articles cy apres nommés souuerainement et ny doit auoir aucunes appellatious de leurs sentances que a la Cour de l'Empereur et presentement au grand Conseil du Roy, puisque les statuts sont telles et accordés et affranchy par les souuerains Pontifs, Empereurs et Roys des Romains.

« Ledit seigneur a ce droitz de djuckhoff et conditions, lequel consiste en seizes menanties et heritages en despendants, lesqu'elles doibuent rapporter quatorzes resseaux d'auoine, quatorze batz cinq rappes en argent, dix poulles et demye et vn tier, quinzes escuelles et quinzes tranchoirs de bois.

« Touttes les menanties et heritages en despendant doibuent estre laissés ces droitz le portent et declarent et rien separement arriuant que la menantie se trouue sans principal, ledit djnckhoff peut adsuiettir celluy qui a le plus en jcelle, ou celluy qui paye le plus de cense, ou celluy preferablement qui demeure et reside dans la paroisse de *La Poutroye*, l'on doit l'obliger la prendre et porter et respondre.

« Ledit djnckhoff a aussy ce droit, arriue-il qu'il luy soit adjugé par les menants quelques heritages faute de paye des censes, ou negligence, ou abbandonnement des terres et prex, celluy qui se feroit apres la sentance conduire dessus, ou en voudroit jouir sans la permission du seigneur du djnckhoff, il est amendable, l'on le doit mettre a lamende et le faire payer tel qu'il aura merité, et cela se doit faire autant de fois qu'il sera contrevenu, les heritages estants biens propres et dependants dudit djnckhoff.

« S'il arriuoit quelques dommages ou reproche serieux audit djnckhoff ou

[1] Fürst, paturages nommés chaumes. Voir Grandidier, *Hist. de l'église de Strasbourg*, t. II, p. 149, nº 83 ; et Durival, *Description de la Lorraine*, t. I, p. 290.

de tout ce qui en despend et que l'on ayt affaires des seizes menants, qui
sont les juges audit djnckhoff, les ayants auerty le soir, ils se doibuent trouuer audit lieu destiné et ou l'on auroit besoins, et sy quelqun retarde et que
le djnckhoff ou le seigneur djcelluy souffroit quelque dommage ou inter-
restz celluy qui sera cause y doit satisfaire, à moins qu'il n'y ayt causes légitimes a quoy chacun doit preuoir et auertir sans retard, et sy cependant
quelques menant venoit a estre malade, il doit estre conduit chez luy au
frais du djnckhoff.

« Ledit seigneur du djnckhoff ne doit faire ny auoir que seize menanties,
consistants en plusieurs terres et prey, et les menants qui possedent lesdits menanties, doibuent prester le serment audit seigneur.

« Sensuit le serment que chacun menant doit prester et jurer, lors qu'il
est reçeu menant.

« Premierement, il doit jurer et prester serment corporel de procurer le
profit et bien dudit djnckhoff, et empescher le dommage djcelluy de touttes
ses forces et pouuoirs, de payer annuellement la rentes et censes qu'il porte
et doit de sa menantie, soit en argent, auoine, poulles, escuelles ou tranchoirs, et doit solliciter et prendre gardes sy les dixmes se paye bien et nottamment bien garder la forest, dindiquer fidellement et ayder à punir ceux
qui y auroient fait dommage, soit d'auoir couppé, enleué du bois, paturé ou
auttrement.

« Ledit seigneur doit auoir vn Maire et qui doit estre choysy et establie
par luy, et celluy qui est choysy doit aussy prester le serment de fidellité
et obeissance à son seigneur du djnckhoff et de tout ce qui en despend, doit
receuoir les censes et rentes, soignez aux dixmes et fidellement garder et
conseruer aussy tous les droitz et nottamment la forest, rien prendre ny
donner de ladite forest sans permission dudit seigneur.

« Ledit Maire et tous les menants doibuent bien observer, d'ayder a maintenir touttes les droitz, statuts et priuileges dudit djnckhoff; de faire bonne
et fidelle garde a la forest, et desnoncer fidellement ceux qui auronts fait
quelques dommages comme cy deuant dit, afin que l'on puisse chatier et
mettre a lamende ceux qui auront commis faute; d'ayder de mesme a ob-
seruer les droitz et priuileges de ladite forest; ayder a chatier ceux qui auronts esté trouués faire dommage soit peu ou beaucoups a ladite forest; de
juger et rendre sentance pendant la seance audit djnckhoff, suiuant sa con-
cience et sçauoir.

« Le menant nouuellement reçeu doit prester le serment present les auttres
menants, et apres l'auoir presté, le Maire le doit faire assoire en son rang
suiuant la menantie qu'il porte et le doit complimenter.

« Ledit djnckhoff se doit tenir a *La Poutroye* tous les ans vne fois le jeudy
deuant la purification Nostre Dame appellé la Chandeleur, et le sieur Curé
de *La Poutroye* le doit publier le dimanche deuant ledit jour.

« Ensuitte le jour de la tenue du djnckhoff arriué, l'on doit commencer
a sept heures du matin a sonner la grosse cloche de la paroisse et sonner
jusque a huit heure, ensuitte l'on doit dire la messe du Saint-Esprit, ou
tous les menants sonts obligés sy trouuer et y assister, et ceux qui ne sy

trouuent point, sans excuses et causes legitimes, soit Maire ou menants, doibuent estre mis a lamende suiuant le jugement au djnckhoff, et de laquelle amende la moitié appartient au seigneur du djnckhoff, et l'auttre moitié aux menants.

« Le Maire et tous les menants doibuent aller a l'offrande pendant la messe.

« Aussytost la messe finie, ledit seigneur ou son ennoyé, avec le Maire et les menants, se doibuent trouuer au lieu ou se tient le djnckhoff, ou estant, le Maire doit faire assoire lesdits menant, suiuant leurs menantie ; le seigneur, son enuoyé ou le Maire, doit faire le compliment et dire pourquoy que ledit djnckhoff se tient pour maintenir comme d'encienté les droitz, statuts et priuileges qu'il a, et que les deffaillants ou commis aux fautes au prejudice dudit djnckhoff soient desnommés, et suiuant le rapport et denominations ils les ayents a mettre a lamende, laqu'elle alors appartient audit seigneur et a personne auttre.

« Apres estre assis, faut examiner aussy tous les menants qui ne se sont point trouué present, afin d'estre mis à lamende comme dit, et que tous les present l'un apres l'auttre ayent a declarer ce qu'ils sçauent estre passé contre les droitz dudit djnckhoff, soit en dommage des bois et forestz, soit en dixme, censes et rentes, soit pour quelques reproches, soit contre le Maire, contre l'un ou l'auttre menants ou auttres.

« Et sil y a quelques plaintes contre l'un ou l'auttre des present, il doit se leuer et sortir jusque a la sentence rendue, puis rentrer et ne doit point sortir de la maison qu'il n'ayt satisfait a la sentence rendue contre luy.

« Et pendant la sceance du djnckhoff, nul ne doit quitter ny sortir sans permission soub paine damende.

« Tous les menants doibnent declarer les deffaillants au Maire deux ou trois jours deuant la tenue du djnckhoff, afin de les faire assigner, et lors assignation donné, ceux qui ne comparoissent pas ont encourrus vne amende pour frais du djnckhoff.

« Lors du jour de tenue de djnckhoff le Maire doit preparer vn repas, tant pour le seigneur ou ses enuoyés et vallets, et messieurs les menants que le sieur Curé du lieu qui y doit estre appellé et leurs y doit donner vn repas honneste.

« Sil arriuoit pendant ledit repas que quelques bruit ou tumulte soit fait, ou injures données ou insulté quelq'un, celluy qui auroit commis quelq'une desdites faute ou donné scandalle, il doit estre chatié seuerement, et lamende ordonné par les auttres menants, appartient la moitié au seigneur, et l'auttre moitié auxdits menants juges.

« Et le seigneur ou son enuoyé demende audit Maire sy aucun des menants a manqué a satisfaire justement et entierement aux censes et rentes qu'il doit, tant en argent, auoine, poulles, escuelles et tranchoirs, et sil a fait bonne garde aux bois et forest ou non, d'autant que celluy qui n'aura pas satisfait comme dit, doit estre mis a lamende par les auttres menants, laqu'elle amende appartient au seigneur du djnckhoff.

« Et celluy qui ne satisfaira pas a lamende ordonné par sentance, doit estre descheut du benefice de sa menantie et de tous ce qui en despend, et lors le seigneur le peut se le faire adjuger et le laisser a qui bon luy semblera.

« Ledit seigneur demende aussy aux menants qu'ils ayent a declarer s'ils ne sçauent point le Maire ayt fait dommage a la forest, ou sil na pas negligé les droitz et reuenues dudit djnckhoff, sil sa bien comporté et pris soins aux jnterrestz du djnckhoff et pendant ladite information ledit Maire doit sortir, ensuitte que ledit seigneur est informé, il est le juge luy mesme.

« Doit aussy sçauoir sy ledit Maire a bien ramassé et se fait payer de touttes la dixmes, censes et rentes, sil a eu bien soins de la forest, sil na pas luy mesme fait du dommages ou auttres choses contre les ordonnances.

« Ledit Maire establie doit receuoir fidellement touttes les censes et rentes despendant dudit djnckhoff et ne rien quitter, à moins qu'il n'ayme luy mesme les payer.

« Sy aucuns biens de menantie se ruine ou abbandonne par negligence ou auttrement, chacun menants doit y auoir l'œil afin d'en auertir le Maire pour y mettre ordre, alors le cas de peril arriuant le seigneur se le puisse faire adjuger comme ceux des menants lors qu'ils manquents a satisfaire a leurs deüb.

« Ledit seigneur est en droit aussy de prendre, choysir et eslire vn greffier pour le djnckhoff tel qu'il trouuera estre et a propos, et ledit sieur greffier esleü doit estre appellé au repas.

« De mesme le Bangard auquel l'on doit aussy donner vn repas, et pour ce est obligé d'auoir soins des bois et forest, nottament pendant la tenue du djnckhoff, il la doit garder et ensuitte venir au repas.

« L'on doit donner a boire et manger a tous ceux cy deuant specifié honnestement et qu'ils soient contant, et lors que l'on est obligé de se seruir de chandelle apres deux ou trois heures de tenue de table, l'on doit quitter sans bruit.

« Le Maire doit seruir au seigneur en escuelles et tranchoirs pendant ledit repas qui n'ayent pas encore seruie, a moins que le seigneur ou son enuoyé n'en demende d'auttres.

« Tous les contractz qui se passerontz soient vente, eschange, heritances ou auttrement des biens de menanties et conditions dudit djnckhoff, doibuent estre inseré sur le prothocol, et approuué, confirmé et rattiffié par ledit djnckhoff, et bien remarqué dans son prothocol aussy bien que touttes les sentances.

« Ceux qui ne seronts point approuués, confirmés et ratiffiés par ledit djnckhoff et remarqué dans son prothocol, doibuent estre cassées et déclaré nul et de nul valleur, et celluy qui fera auttrement pour lesdits biens doit estre mis a vne bonne amende, par consequent est enjoint expressement a tons menants d'empescher qu'aucuns contract de vente, eschange, engagement, heritenge ou auttrement, soit fait desdits biens de menantie, ny beaucoup, ny peu sans en aduertir le Maire, sous paine damende, et le tout doit estre signé du greffier, dü Maire et des menants.

« Tous les menants qui possedent des menantises dudit djnckhoff doibuent garder la forest chacun a son tour pendant le cours de l'année, suiuant leurs serment, c'est pourquoy aussy que l'on leurs doit ledit repas.

« Le menant qui seroit conuaincu n'auoir pas gardé la forest dans le temps, doit non seulement estre mis a lamende, laqu'elle doit estre moitié aux menants, lamende estant de deux florins ; mais le seigneur est encore en droit de l'exclure du repas, attendue qu'il n'est pas digne de sieger parmie les auttres menants estant preuaricateurs de son serment.

« Et sy aulcuns des menants est adjournés ou auerty, soit par publications sur le pronne ou auttrement de se trouuer aux conditions et qu'il y manque sy trouuer ou sen absente sans congé, icelluy doit estre mis a lamande suiuant le jugement des auttres menants, laqu'elle amende moitié appartient ausdits menants.

« Sy quelques menants venoit aux conditions sans satisfaire aux censes que sa menantie est chargé, il ne doit pas sen retourner sans payer, et doit estre mis a lamende suiuant le jugement des auttres menants, laqu'elle amende la moitié appartient aux menants.

« Lors que vn menant ou le Maire, comme aussy le bangard declarent quelq'un qui ayt fait du dommage ou ayt esté chercher ou couppez du bois dans la forest, soit bois vert ou mort, ou pasturé dans ledit bois et forest lieux deffendues, il doit estre crüe suiuant le serment qu'ils onts prestés.

« Ceux qui onts couppés ou enleués du bois vert doibuent estre mis a lamende de deux florins et restitutions de bois et aux despens, ladite amende appartenant audit seigneur.

« Ceux qui auronts pris ou enleué du bois sec, bois mort, doibuent lamende de vn florins de *Rhin* et aux despens, ladite amende appartenant audit seigneur.

« Ceux qui auronts laissé aller pasturer leurs bestiaux dans ladite forest lieux deffendue, doibuent lamende suiuant le dommage qu'ils onts fait, lequ'el doit estre vissité ou crû au rapport, et doit payer le dommage et les frais, lamende doit appartenir audit seigneur.

« Ledit djnckhoff a aussy ce droit que tous les cabartiers et ceux qui veullent vendre vin dans le val d'*Orbey* par pots et peintes, sonts obligé d'apporter leurs pots, peintes et chopines a *La Poutroye* au tenue du djnckhoff tous les ans pour les vissiter et les faire gauger.

« Le dimanche deuant la tenue du djnckhoff, l'on doit faire publier sur le pronne ou deuant les esglises paroissialles du val que tous ceux qui ventes ou veullent vendre du vin pendant l'annéé, comme aussy ceux qui en onts vendue et veullent continuer, ayents a porter au djnckhoff a *La Poutroye* au jour de la tenue dudit djnckhoff, tous leurs pots, peintes et chopines dont ils sen veullent seruir pour debitter du vin, afin de les faire gauger et sonts obligé de les apporter.

« Ceux qui ne les apportent pas apres auoir esté comme dit auertie, doibuent estre mis a lamende suiuant le jugement des menants, la qu'elle amende appartient au seigneur du djnckhoff.

« Ceux qui auront lannéé precedent vendue vin par pots et peintes sans les avoir fait gauger, doibuent estre chatiés.

Le Maire du djnckhoff a ce droit de faire payer a chacque cabartiers, lors qu'ils apportents leurs pots pour gauger, par chacun vn pot de vin ou le prix.

« Et lors que quelques cabartiers sexcuses et qu'ils ne peuuent pas venir le jour de la tenue du djnckhoff soub causes legitimes, et que ledit Maire soit obligé les aller gauger chez eux apres lauoir par ledit cabartier pour le prié et requis, ledit cabartier luy doit donner deux pots de vin ou le prix dicelluy comme il le vend.

« Ceux qui n'auronts pas retirés leurs pots et peintes des mains dudit Maire et satisfait aux conditions a la huitaine, doibuent lamende de dix schellins au profit dudit seigneur.

« Ceux qui n'apportent pas a la tenue du djnckhoff leurs pots, peintes et chopines pour faire gauger, ne doibuent pas seulement lamende, mais on luy doit faire deffence sur peine dune grande amende de ne point vendre ny debitter de vin en détails, qu'il nayt fait gauger par le Maire ses pots et peintes present le djnckhoff.

« Les pots, peintes et chopines qui se trouuent trops grand, doibuent estre gaugés justement suiuant la messure ordinaire.

« Les pots et peintes qui se trouuent trop petit, le djnckhoff doit faire des trous dans la couuerte et faire deffence de sen seruir non plus que de pots de terres, soub paine de deux florins damende au profit du seigneur du djnckhoff.

« Les pots, peintes et chopines se peuuent gauger au commencement ou a la fin du djnckhoff.

« Sy le bangard est obligé d'aller aduertir quelques cabartiers d'apporter ses pots et peintes, celluy luy doit ses paines.

« Sy l'on a affaire dudit bangard pour enuoyer a quelques villages, l'on luy doit taxer ses peines, et celluy qui causes lesdites peines doit payer.

« Collationné le present translat et trouué conforme a son allemand par moy soubsigné advocat et secretaire interprete au Conseil souuerain d'*Alsace*. Fait a *Collmar*, ce troisieme feuurier de l'annéé mil six cent quatre vingt dix neuf.   « *Signé* : SCHEPPELIN. »

Malgré mes recherches dans les archives des préfectures du Haut-Rhin et des Vosges, je n'ai pu découvrir le texte même des rotules colongers de la Baroche et de Fréland. Je n'ai trouvé que l'indication du montant des redevances dues par ces colonges.

(10) L'application du suffrage universel et annuel ne se bornait pas, dans le Val d'Orbey, à l'élection des jurés, doyens et banwards, elle s'étendait encore, d'après l'article 14 du Coutumier, au choix du capitaine et des bannerets. Ces officiers élus pour une année étaient-ils rééligibles ? Je suis porté à le penser.

(11) Le texte allemand de notre Coutumier désigne sous la dénomination de Weibel l'agent qui est appelé ici *doyen*, et, dans d'autres documents allemands, *Bott, Büttel, Frohnbott, Richter, Richterbott, Stockwarter*, c'est-à-dire messager, appariteur, sautier, prévôt, sergent. Cet agent fonctionne dans toutes les juridictions de l'Alsace, depuis les plus élevées jusques

aux plus humbles, et ses attributions sont aussi variées que ses titres. Convoquer les jurés, ajourner les parties, poursuivre l'exécution des jugements tant contre la personne que sur les biens du débiteur, veiller à la police de l'audience, avoir la garde des prisons, et mener à fin les sentences capitales, voilà son rôle multiple dans les ordres judiciaire et administratif. Aussi pour ces fonctions importantes ne choisissait-on qu'un homme de condition libre, qui prêtait serment au seigneur, avec beaucoup de solennité, en présence de la justice et sur les reliques des saints, et auquel on infligeait, en cas de manquement à ses devoirs, la peine spéciale de trente coups d'un bâton de chêne long d'une ou deux coudées. (Miroir de Souabe, chap. LXXXX, LXCIII, C, CXXV, CXXXIII et CLXXX). Si je me reporte, soit à la coutume de Lièvre (art. 1, 22, 24 à 39), soit aux documents publiés par M. Hanauer (*Constitutions*, passim, notamment p. 277), le caractère et le rôle de doyen, tels qu'ils sont dépeints au treizième siècle par le Miroir de Souabe, n'avaient point changé aux seizième et dix-septième siècles. Le statut d'Orbey, sans entrer dans l'énumération complète des attributions du weibel, charge cependant cet officier de la garde des prisons (art. 36) et de la constatation des délits commis dans les eaux et forêts (art. 21). La fonction d'appariteur, annuelle jusqu'en 1762, devint alors permanente dans chaque village de la communauté. L'étendue considérable de la vallée et les difficultés d'une surveillance efficace motivèrent cette innovation. (Archives du Haut-Rhin. Bailliage d'Orbey, E. 2.)

(12) Le banwart, le chargé champêtre, l'homme chargé de la répression des délits ruraux et forestiers. (Cfr. la loi du 6 octobre 1791, tit. I, sect. VII, sur la police des champs.) — En Alsace (Hanauer, *Constitutions*, p. 30) et en Lorraine (Riston, *Cout. de Lorraine*, p. 393), le choix de ces officiers appartenait toujours aux communautés. Aujourd'hui le maire les nomme, sauf l'approbation du conseil municipal. (Loi du 18 juillet 1837, art. 13.)

(13) Plaid banal est rendu par les termes allemands : *Banngericht* et *Frevelgericht* qui expriment la plénitude de juridiction en thèse générale.

(14) L'ancienne coutume fixe le temps des plaids aux Quatre-Temps ; on les annonce quinze jours à l'avance.

(15) A partir de 1536, les jurés ont reçu, non plus un denier, mais un dîner, cette indemnité habituelle des bourgeois alsaciens transformés en magistrats. La coutume de Lièvre (art. 5) donne pour raison, « que les jurés sont la plupart gens artisans et qu'il leur convient laisser leur labeur pour rendre la justice. » D'après le chroniqueur Herzog, cet usage invariable des tribunaux villageois et colongers remonterait jusqu'à Clovis. « Après que ce prince, dit-il, eut vaincu les Triboques, peuple indépendant et sauvage, il ne sut comment les amener à l'ordre et à la vie sociale. Il songea à toute espèce de moyens. Enfin, il imagina de les réunir trois fois par an dans un lieu déterminé. Ils devaient ces jours-là protester de leur fidélité et présenter au prince ou à son représentant un don de peu d'importance. En retour, pour qu'ils fissent cela de meilleure grâce, on

leur offrait quelque chose à manger. Telle fut l'origine de cette coutume. »
Adde, Hanauer, ouvrages cités, *passim ;* — et *supra*, p. 25 et 26.

(16) Sur les brièves justices, cfr. Cout. de Lièvre, art. 10 et 11.

(17) Les monnaies, dont il est question dans cet article et dans le Coutumier d'Orbey, sont des monnaies lorraines. Voir sur ces monnaies : de Rogéville, *Dictionnaire des ordonnances*, v° MONNAIE ; F. de Saulcy, *Recherches sur les monnaies des ducs héréditaires de Lorraine*, Paris, Rollin, 1843, et Lionnois, *Histoire de Nancy*, p. 85. Bédel, dans ses Tableaux de concordance des monnaies lorraines avec le système décimal, évalue le denier à 41 millimes, le sou à 494 millimes et la livre à 9,877 millimes.

(18) La caution *judicatum solvi* a joué un grand rôle dans la procédure du moyen âge, (Voir *Beaumanoir*, chap. XLIII, art. 55.) Son objet était de garantir les résultats du procès. Elle a été introduite dans notre Coutumier par la révision de 1536.

En thèse générale, et sauf de rares exceptions, on ne l'exigeait point des régnicoles. (Loisel, *Institutes*, 6, 3, 2.) Aujourd'hui les articles 16 du Code Napoléon, 166 et 423 du Code de procédure civile ne le laissent subsister qu'à l'encontre des étrangers et en matière civile.

D'après le statut d'Orbey, il en était tout autrement. Les habitants du Val sont placés sur la même ligne que les aubains ; et si, à l'instar de certaines coutumes, il n'impose point cette obligation à deux adversaires indigènes, le demandeur du moins doit toujours consigner une somme d'argent suffisante pour répondre des frais de justice et indemniser les hôtes, c'est-à-dire les aubergistes (*wirth*) des dépenses faites dans leurs établissements à la suite de la convocation du prevôt, des jurés, du doyen, des témoins et du défendeur.

(19) L'Italie et quelques contrées de l'Allemagne pratiquent encore le régime de la troisième instance mentionné dans notre article. Rejeter les procédures dispendieuses et cabalistiques, c'est une œuvre de sagesse qu'a accompli notre législation actuelle en n'admettant que deux degrés de juridiction. Le rôle de la Cour de cassation se borne à maintenir la loi, l'intégrité des formes et l'uniformité de la jurisprudence. (Voir l'instruction qui accompagne la loi des 16 et 29 septembre 1791.)

(20) Le droit d'appel variait considérablement en Alsace dans les différentes juridictions. Sur ce point, voir M. Réville, *op. cit.*, p. 30, 48, 123, 130, 139, 149, 218, 223, 226 et 235. — Il est réglé chez nous pour les matières civiles, commerciales et criminelles par les articles 16 et 443 du Code de procédure civile ; 645 du Code de commerce ; 172, 179, 479 du Code d'instruction criminelle.

(21) A la place du terme *redargez*, je lis dans la Coutume de 1536 : « Si la partie qui a perdu son procès peut présenter un moyen nouveau et utile à la cause, elle est reçue à interjeter appel et à faire nouveau plaid. »

(22) Châtelain, en allemand *Vogt*. Dès 1311, les Ribeaupierre entretenaient un vogt dans le château du Hohennack. (Schœpflin-Ravenez, t. IV, p. 287). En temps de guerre, le vogt donnait retraite dans sa forteresse aux pieux solitaires de Pairis ; et, pour prix de sa protection, il recevait

annuellement une paire de bottes de la valeur de cinq schellings. (Archives du Haut-Rhin, *Nécrologue de Pairis*, p. 113.)

(23) *Obtenir quittance de son serment de bourgeois :* prescription ancienne et déjà écrite dans les lois salique (tit. XIV, § 4) et lombarde (lib. III, tit. XIV, § 1). L'homme libre, qui veut émigrer, est obligé de se munir, avant de quitter son pays, de lettres royaux ou seigneuriaux, afin de se mettre à l'abri des suites ordinaires du vagabondage : c'est la conséquence du système adopté à l'égard des étrangers par les lois germaniques et féodales. (Voir *infrà*, p. 38, note, 46.) » Cette *carta vel licencia vel præceptum regis* me semble équivaloir à notre passeport et ne doit pas être confondue avec le droit d'émigration.

(24) Cette satisfaction due par le bourgeois émigrant à l'église ou au curé me paraît être l'impôt dû par chaque habitant pour l'entretien du culte. Il se prélevait sur la dîme. Je fonde mon assertion sur le passage suivant de la constitution de la marche de Marmoutier : « Autrefois, dans l'antiquité, les villageois de Garberg percevaient la dîme des anciens manses, parce qu'ils entretenaient eux-mêmes leur curé. » On a vu plus haut, dans le rotule de la collonge de La Poutroye (p. 23), que la part du curé dans la dîme était du tiers de la redevance en grains.

(25) *Satisfaire honnêtement à nous,* c'est-à-dire s'être acquitté des droits seigneuriaux, et notamment du droit d'émigration (*abzug*), qui était exigé en Alsace. D'après les lois de l'empire germanique suivies dans notre province, le droit d'émigration consistait dans le dixième de la valeur des immeubles et des effets mobiliers. (Gœtzmann, *Notice des domaines*, chap. II, n° 16.) On trouvera de curieux détails sur ce droit dans M. Hanauer, *Constitutions des campagnes de l'Alsace*, p. 130 et 178.

(26) Comme dans le régime communal du moyen âge, un séjour dans une localité pendant an et jour, faisait, en thèse générale, quand il n'y avait pas eu contradiction, acquérir le droit de bourgeoisie, on négligeait fréquemment d'obtenir la permission seigneuriale exigée par notre coutume. Il devint dès lors nécessaire de réédicter la prescription. « En 1730, le bailli du Val d'Orbey ordonna qu'aucuns étrangers ne seraient reçus à s'establir dans le Val d'Orbey qu'ils n'ayent préalablement obtenu la permission par écrit, avec un certificat en forme authentique de leur naissance, religion, conversation, vie et mœurs, et fourni caution bourgeoise et solvable de la somme de 200 florins dans les lieux où ils voudront s'establir pour seureté du payement des deniers royaux et seigneuriaux, et fit défense à tous bourgeois et habitants du dit Val de ne recevoir, loger, ny donner retraite à aucuns des dits estrangers qu'après qu'ils seront reçus en la manière prescrite, à peine de 50 livres d'amende et de payer en outre les deniers royaux et seigneuriaux qui seront dus par les dits estrangers. Et, à l'égard de ceux qui étaient actuellement establis, il ordonna que dans la huitaine après publication de l'ordonnance, ils seraient tenus de rapporter au greffe des certificats et permission de la chancellerie en la forme cy-dessus pour y estre enregistrés, et de fournir la caution dans le mesme délai, sinon et à faute de ce faire qu'ils quitteraient le Val, et qu'ils seraient chassés d'icelui. » (Archives du Haut-

Rhin. Bailliage d'Orbey, E. 4.) Cet arrêté, approuvé par la seigneurie de Ribeaupierre, fut renouvelé en 1730, 1745 et 1773, mais toujours sans succès, malgré ses rigueurs comminatoires. Les étrangers, qui se fixaient dans la vallée, cherchaient à échapper à la redevance seigneuriale qui paraît avoir été établie pour la première fois en 1536. Il importe encore de remarquer, à propos de l'article 13, que le seigneur seul autorisait l'établissement d'un aubain dans notre bailliage, tandis que dans d'autres localités la réception d'un bourgeois n'avait lieu, conformément à la loi salique (tit. LXVII), qu'avec l'assentiment de tous les habitants, soit parce que le nouveau venu participait à la jouissance des biens communaux, soit parce que les communautés répondaient des vols commis à force ouverte dans leurs circonscriptions. — Comparez sur la réception des bourgeois en Alsace le statut de Ferette, anno 1567, et les ordonnances rendues par le magistrat de Strasbourg dans le cours des quinzième et seizième siècles.

(27) « Touchant la vie d'un bon chrétien. » Les quatre articles suivants n'ont de correspondants, ni dans la Coutume de 1513, ni dans celle de Lièvre. Dans cette dernière vallée, des ordonnances spéciales rendues par les ducs de Lorraine réprimaient l'ivrognerie, le jeu, le blasphème et l'inobservation du dimanche. On les trouvera, soit dans Rogéville (*Dict. des édits*), soit dans M. Dumont (*Justice criminelle en Lorraine*). Le reste de l'Alsace possédait sur ces matières des règlements locaux. Nous citerons en appendice, comme exemple de ce droit municipal, les dispositions curieuses du statut de Ferette (anno 1567). Voici la traduction de son texte allemand :

« Art. 1. L'homme ou la femme, jeune ou vieux, qui proférerait inconsidérément de grosses injures par le martyre de Jésus-Christ, notre Sauveur, et par les saints sacrements, ou qui alors qu'on leur sert à boire ou à manger s'enivrerait, celui qui s'adonnant outre mesure et effrontément à la passion du jeu y aura employé plus d'un denier pour son passetemps sera condamné, pour la première fois, à trois jours, et, pour la seconde fois, à huit jours d'emprisonnement, au pain et à l'eau. S'il devait enfreindre la défense pour la troisième fois, et que cela fût dûment reconnu, il encourra une punition corporelle ou pécuniaire proportionnée à la gravité du fait, tous droits dûment réservés. Quant aux personnes fortunées et considérables qui, d'après les prévisions ci-dessus, jureront, boiront ou mangeront avec intempérance, ou se livreront au jeu sans mesure, elles seront condamnées pour le premier manquement à une amende de 8 florins ; pour le second, à 20 florins ; mais s'il devait leur arriver d'enfreindre la défense pour la troisième fois, et qu'elles en fussent convaincues, elles seront mises en prison avec application d'une punition corporelle et pécuniaire proportionnée à la gravité du fait, tous droits dûment reconnus. Le blasphème envers Dieu, à cause de son énormité et de son caractère scandaleux, sera puni de mort.

« Art. 2. Défense est faite aux aubergistes et autres personnes de fournir sciemment ou de laisser fournir du vin pour les ivrogneries et excès de table dont il est ci-dessus question, que ce soit pour les repas ordinaires ou à d'autres heures, ni de donner à boire chez eux à qui que ce soit après huit ou neuf heures du soir. Les dimanches et jours de fêtes légales avant la messe, les aubergistes ne pourront donner à boire ou à manger à personne, si ce n'est à des étrangers ou à des gens en voyage. Ceux des aubergistes ou autres qui enfreindront cette défense seront punis avec les buveurs autant de fois qu'ils seront en contravention.

« ART. 10. Une coutume impie et contraire à toute morale et à tout honneur s'étant introduite, et tendant journellement à se développer davantage, à savoir : que les personnes du sexe fréquentent les auberges, alors cependant que les hommes même devraient s'en abstenir, qu'elles s'enivrent comme les hommes au point d'en perdre la raison, de proférer des jurons et de se laisser aller à des paroles et à des actes contraires à toute pudeur, ce qui ne leur arriverait pas étant à jeun ; qu'elles oublient ainsi la modestie et la retenue féminines ; dans la vue de parer à ce mal, défense est faite désormais à toute femme d'entrer dans les auberges et d'y faire de la consommation, à peine d'une amende d'une livre 10 schellings par chaque manquement.... Mais, lorsqu'une femme se met en voyage et que, pour se sustenter, elle est forcée d'entrer dans une auberge, l'aubergiste ne pourra lui servir plus d'un demi-pot de vin, soit au dîner, soit au souper, sous peine par l'aubergiste et la délinquante chacun d'une amende d'une livre et 10 schellings. »

Ajoutons, à titre d'indication sur le droit criminel de l'Alsace, qu'à défaut de dispositions dans les ordonnances locales les crimes et délits étaient punis, — à partir du seizième siècle, — par l'ordonnance criminelle rendue en 1533 par Charles-Quint ; et, à partir de la réunion de cette province à la France, par les ordonnances de nos rois. (Ordonnances d'Alsace, t. I, p. 57.)

(28) Bringuer, en allemand *trinken*, boire de compagnie et porter des santés réciproques. Ce goût prononcé de la race germanique pour les festins et les boissons a été remarqué par Montaigne (*Voyages de l'an* 1600), aussi bien que par Tacite (*De mor. Germ.*, cap. XXII et XXIII). Il a eu chez nos compatriotes ses historiens (Grandidier, *Une ancienne confrérie de buveurs*, et M. Gérard, *l'Ancienne Alsace à table*), et ses critiques (M. de Neyremand, *De la Répression de l'ivrognerie*, dans la *Revue d'Alsace.* 1858). De bonne heure, on a dû le réprimer. Charlemagne, par ses Capitulaires de 802 et de 813, défendit l'ivrognerie sous peine de châtiment corporel ; et, dans des temps postérieurs, la législation alsatique prononça contre elle tantôt l'amende (Strasbourg, ord. de 1628, tit. VII, et Wissembourg, ord. de 1611, chap. III), tantôt l'emprisonnement (Orbey, Ferette, Ensisheim). D'après le règlement de la ville d'Ensisheim, les pénalités croissent avec les récidives ; et les ivrognes, quel que soit leur sexe, sont condamnés à trois jours d'emprisonnement, au pain et à l'eau, la seconde fois, à huit jours, et la troisième fois, à une peine plus forte (Merklen, *Hist. d'Ensisheim*, t. II, p. 149).

Les aubergistes, complices de ces excès bachiques, n'étaient pas mieux traités que les buveurs. On les mettait à l'amende ; ainsi à Orbey, comme dans beaucoup d'autres localités. Dans notre vallée, le chiffre de l'amende prit même de singulières proportions. En effet, un décret du bailli, en date de 1763, renouvela, « défenses très-expresses aux cabaretiers du dit Val de retenir, retirer, recevoir ni donner à boire chez eux aux jeunes gens qui sont encore actuellement sous puissance de père, mère et tuteurs, comme aussi de ne point donner à boire, ni retenir chez eux aucuns domiciliés pendant le service divin, ni le soir, en hiver, après neuf heures, ni l'été après dix heures, à peine de 50 livres d'amende pour la première fois et du double en cas *de récidive sans rémission.* » (Archives du Haut-Rhin, *bailliage d'Orbey*, E., liasse 4.) Différents dossiers attestent que ces pénalités rigoureuses n'étaient pas lettre morte, et qu'on les appliquait aux contrevenants, même pour infraction commise le jour de la fête patronale d'une des quatre paroisses. A Strasbourg, quand les aubergistes avaient le malheur de faire crédit aux buveurs, non-seulement ils n'avaient point d'action en justice pour le payement des écots, mais on les astreignait encore à l'humiliante obligation de nettoyer le lundi les latrines de l'évêque. (Ordonnances de police de 1628, tit. VII.)

De notre temps l'ivrognerie et l'ivresse ne constituent pas des délits spéciaux, et le délit commis en état d'ivresse n'est légalement ni aggravé ni atténué par cette circonstance particulière.

(29) Le texte de 1536 présente cette variante : *Les jeux* POUR DE L'ARGENT, *quels qu'ils soient.* Charlemagne interdit en Alsace les jeux de hasard en sanctionnant les décisions prises en 813 par le concile de Mayence. (Sur les prohibitions modernes, voir les articles 410, 475 et 477 du Code pénal, et la loi du 21 mai 1836 sur les loteries.)

(30) Le blasphème a toujours été puni avec une rigueur inouïe. La coutume de Ferette, conformément à la novelle 77, aux capitulaires, à la législation de saint Louis et aux premières ordonnances des ducs de Lorraine, infligeait aux coupables de ce crime le dernier supplice. Par son arbitraire, le statut d'Orbey permet la modération dans le châtiment, et les Ribeaupierre durent à cette occasion exercer plus d'une fois la générosité de leur cœur. A Colmar, on se contentait d'exiler les blasphémateurs au delà du Rhin, à temps ou à perpétuité. (Statut de 1593, tit. XXXV, p. 104.) Remarquons, à l'éloge du Coutumier d'Orbey, qu'il n'impose pas, quant au délit de blasphème, la dénonciation prescrite par l'édit lorrain de 1510, l'ordonnance de Wissembourg de 1611 et la déclaration française du 30 juillet 1666. — Le délit spécial de blasphème a disparu de notre législation moderne; mais les lois du 17 mai 1819 (art. 8) et du 25 mars 1822 (art. 11) répriment les outrages à la morale publique et religieuse; et les articles 161 et 162 du Code pénal punissent l'outrage par paroles ou gestes aux objets d'un culte, ainsi que les retards ou interruptions apportés à l'exercice de ce culte.

(31) Les ordonnances dont il est ici question ont été rendues de 1536 à 1564. — Le texte de 1536 porte : « Selon les anciennes coutumes et les traditions de la véritable Église chrétienne sous peine d'une amende de 2 florins. » Les prohibitions de cette nature, générales au moyen âge, étaient plus ou moins sévères. (Denizart. v° *Foires.*) En Lorraine, l'amende était de 10 livres. (Rogéville, *Dict.*, t. I, p. 503). Une ordonnance de

1784 la porta dans le Val d'Orbey de 2 à 100 livres, avec confiscation des marchandises exposées en vente. (Archives du Haut-Rhin, Bailliage d'Orbey, E., 4.) La loi du 18 novembre 1814, qui réglemente aujourd'hui l'observation des dimanches et fêtes, se rapproche beaucoup de notre Coutumier. Elle n'inflige aux contrevenants qu'une amende dont le maximum ne dépasse pas 5 francs, sauf le cas de récidive.

(32) Les Germains ne connaissaient pas la propriété fixe et limitée des Romains. Chez eux, chaque année, le magistrat faisait le partage des terres, et les fruits appartenaient à celui qui avait labouré le champ. (César, *de Bell. gall.*, VI, c. 22 ; — Tacite, *De mor. Germ.*, c. 26.) Et quoique, après les invasions et leur établissement dans les Gaules, les conquérants fussent devenus propriétaires par le partage du sol avec les anciens possesseurs, leur esprit acceptait avec peu de faveur les idées qui, chez les vaincus, composaient la théorie de la propriété. Aussi, dans leur aversion pour la fixité et par attachement aux mœurs natives, laissèrent-ils en communauté les pâturages, les arbres, les forêts, les eaux, les terres, vaines et vagues, en un mot, les propriétés immobilières qui offraient à l'homme des produits spontanés. (*L.* rip., tit. LXXVIII ; Lehuërou, *Instit. carlov.*, p. 42.) Cette communauté dura, en Alsace, assez tard, au moins en certaines localités. Ainsi, au commencement du quatorzième siècle, la ville d'Obernai possédait encore de cette façon *nemora, silvas, frutices, pascua et fundos aliquos alimende.* (Schœpflin, *Alsat. Dip.*, n° 864.) Le Coutumier d'Orbey attribue en 1513 au seigneur de Ribeaupierre la propriété des forêts de tout le bailliage. Cette propriété n'était pas ancienne. Cent cinquante ans après la rédaction du premier Coutumier, les habitants de la vallée ne la reconnaissaient pas encore, et, travaillés par le souvenir vivace d'une communauté immémoriale, ils la disputèrent à leur seigneur de 1685 à 1710. A cette dernière date, le conseil souverain d'Alsace maintint le seigneur de Ribeaupierre dans la propriété des forêts, en lui imposant toutefois la charge de faire marquer à ses sujets les bois dont ils auraient besoin tant pour leur chauffage que pour leurs bâtiments. (Archives du Haut-Rhin, Bailliage d'Orbey. Pièces diverses.) Voyez encore, note 34 *infra*.

(33) Même disposition dans les articles 68, 69 et 70 du Code forestier ; ce qui prouve qu'on avait songé à la conservation du sol forestier bien avant Louis XIV et l'ordonnance de 1669.

(34) Originairement les eaux et les forêts, insusceptibles de propriété privée, formaient des biens publics et communs (L. rip., tit. LXXVIII, *Non res possessa est*, voir *supra*, note 32, et *infra*, notes 39 et 44). Il y a un souvenir de cet état primitif du droit dans le Coutumier de 1513, qui accorde aux habitants de la vallée le droit de pêcher au sentir de la main et sans autre engin ; souvenir qui disparaît dans les réformations intéressées de 1536 et de 1564. Alors le seigneur interdit tout à fait la pêche à ses sujets, et il s'en réserve tous les profits par l'amodiation (Archives du Haut-Rhin, fonds de Ribeaupierre, E. 685 et 902). Il est très regrettable que, dans cette défense absolue de pêcher, on n'ait pas respecté la disposition charitable établie au profit des malades et des femmes en couches. — Les lois du

15 avril 1829 et du 6 juin 1840, ainsi que les ordonnances des 15 novembre 1830, 28 octobre 1840 et 28 février 1842, réglementent actuellement la pêche fluviale.

(35) Faire tanche, c'est-à-dire, épuiser l'eau, la détourner.

(36) Le principe de l'aggravation des peines, quand les délits ont été commis par les fonctionnaires ou officiers chargés de les réprimer, est de nouveau consacré par les articles 198 du Code pénal, 208 du Code forestier et 12 de la loi du 3 mai 1844 sur la police de la chasse.

(37) Les Institutes de Justinien (lib. II, tit. I, § 12 et seq.) et les lois barbares (L. salic., tit. XXXV; Capit. Extrav. c. 36; L. rip., tit. XLII et LXXVIII; L. allem., tit. XCIX) rendaient libre l'exercice de la chasse comme celui de la pêche. Charlemagne fit même défense aux seigneurs qui relevaient de lui de *forestare*, c'est-à-dire de convertir certaines portions de forêts en garenne de chasse (Ducange, v° FORESTARE). Ce principe de liberté, certaines coutumes alsatiques l'ont religieusement respecté. Je citerai notamment la constitution de l'Utfried, dans la principauté des Hanau-Lichtemberg : « Si un honnête homme, domicilié dans le pays, parcourt les campagnes accompagné d'un chien et prend du gibier, il peut l'emporter chez lui et le manger ; personne ne doit l'inquiéter pour ce fait. » (Archives du Bas-Rhin, E. 2743.) — Cependant, dès les premiers temps du moyen âge, la féodalité commença à paralyser cette franchise originelle de la chasse. Pour notre province, le plus ancien exemple de restriction est, à ce que je crois, dans la cession de la forêt de la Hardt à l'église de Bâle par le roi d'Allemagne Henri II, en l'an 1004 : « Præceptum... ut nemo virorum « deinceps potestatem habeat extra voluntatem et licentiam prædicti epis- « copi (basilensis)... in eodem saltu (la Hart)... De genere cervorum, sive « capriolarum, aut aprorum, aut ursorum, aut fibrorum agitare nostro « banno interdicentes, marem, seu feminam, vel saltem aviculam inquie- « tare, quæ dicitur parix, sine caprera præsumat. » (Trouillat, *Monuments de l'évêché de Bâle*, I, p. 145. Sic, encore la confirmation de la même donation en 1040 par Henri III. Trouillat, *loc. cit.*, I, p. 167.) — Avec le temps les défenses se généralisèrent. Frédéric II en Allemagne, et saint Louis en France, donnèrent en ce sens des exemples qui furent imités par les seigneurs hauts justiciers de l'Alsace. En effet, en 1502, l'évêque de Strasbourg Albert, Philippe comte de Hanau, Rhunart comte de Deux-Ponts, et le landvogt de Haguenau, annoncent à Guillaume de Ribeaupierre que « dans l'intérêt public, pour mettre un terme aux entreprises du commun peuple, qui se livre de toutes manières à la chasse en négligeant son travail, ce qui conduit les hommes à la misère, et ne laisse aucune trêve au gibier ni le jour ni la nuit, et afin que chacun puisse soigner ses affaires, ils ont arrêté et décrété QUE DÉSORMAIS DANS LEURS PROVINCES, SEIGNEU-RIES, PROPRIÉTÉS, BAILLIAGES ET TERRITOIRES, TOUT INDIVIDU BOURGEOIS OU PAYSAN, INDIGÈNE OU ÉTRANGER, DOIT RENONCER A LA CHASSE. » (Archives du Haut-Rhin, fonds de la seigneurie de Ribeaupierre.) Ces conseils, identiques dans leurs motifs et dans leur but à ceux des ordonnances prohibitives qui les précédèrent ou suivirent, agirent avec promptitude et efficacité sur l'esprit des Ribeaupierre. Aussi, en 1536 et 1564, ceux-ci

traitent-ils, quant à la chasse, leurs sujets du val d'Orbey avec infiniment moins de libéralité qu'en 1513. Ils les dépouillent de ce droit. Pour eux comme pour les autres hauts justiciers d'Alsace, il s'agissait moins de ne point distraire le commun peuple de ses travaux agricoles, industriels ou mécaniques, que de se ménager à eux-mêmes les plaisirs faciles de chasses réservées ou les revenus abondants de leur amodiation. Les comptes de la seigneurie attestent, en effet, qu'ils ne négligeaient pas cette source de produits (Archives du Haut-Rhin, E. 685 et 902). Et si, par exception, le bourgeois d'Orbey conserve la faculté de poursuivre et de tuer les animaux nuisibles aux personnes, aux récoltes ou aux troupeaux, il doit, ainsi que le roturier lorrain, français et allemand, pour la droiture seigneuriale une redevance symbolique de la privation du droit de chasse : les pattes, la tête coupée selon le bout des oreilles, ou quelques deniers. (Art. 23, 24 et 27 du Coutumier.)

(38) Gabelle, qui d'ordinaire désigne l'impôt sur le sel, est employé ici dans sa signification primitive, *gabium*, impôt, tribut (redevance perçue sur les vins, *Umgeld*). L'exonération des charges dont parle l'article 28 est d'autant plus méritoire qu'elle porte sur le pain et le vin, substances alimentaires de première nécessité.

(39) Allusion nouvelle à l'état primitif de la propriété territoriale ! Dans un pays comme le val d'Orbey, où l'éducation du bétail constitue une des principales industries des habitants, la compascuité et le parcours sont des droits d'une haute importance. Aussi, dès la fenaison effectuée, toutes les prairies sont livrées à la dépaissance. En 1513, on *put* se ménager une seconde coupe d'herbes sur une étendue de 20 ares 44 centiares dans le voisinage de la maison. En 1536, on *dut* se la réserver, et, ce qui jusque-là avait été facultatif, devint obligatoire dans l'intérêt de l'agriculture et pour la consolidation de la propriété privée.

(40) La Chandeleur ou Purification : le 2 février, et la Saint-Georges : le 23 avril.

(41) Cette taille de la Saint-Georges, rémunération du pâtre commun, était le châtiment des habitants, qui, après le 2 février, laissaient leurs bestiaux vaguer dans les propriétés isolément et sans gardien.

(42) La chèvre, cette ressource du pauvre, nuit singulièrement à la végétation par sa dépaissance. On a continué à prendre des précautions contre cet animal dans les lois rurale de 1791 (tit. II, art. 18) et forestière de 1827 (art. 78, 110 et 199).

(43) Le droit de clore son héritage résulte formellement du droit de propriété ; il ne peut être contesté à aucun propriétaire, sauf le cas d'enclave (lois des 28 septembre-6 octobre 1791, tit. I, sect. IV, art. 4 et art. 674 et 682 C. Nap.).

D'après l'article 671 du Code Napoléon, les haies vives doivent être plantées à la distance d'un demi-mètre de la ligne séparative des héritages.

(44) Allusion encore à la constitution primitive de la propriété dans le val d'Orbey (voir *suprà*, p. 35, note 32). Jusqu'en 1536 les arbres fruitiers, loin d'être la propriété exclusive du maître du sol sur lequel ils avaient poussé, restèrent indivis entre tous les membres de la communauté,

et les fruits se partagèrent entre eux. On trouve des dispositions analogues à cet usage dans la loi de Beaumont (art. 48), dans la coutume de Lorraine (tit. XV, art. 32) et dans celle de l'évêché de Metz (tit. XII, art. 23). « Arbres sauvages, fruitiers perçus ès terres labourables ou prairies non closes sont de communauté, et n'est loisible au propriétaire du fonds de les couper sans la permission du seigneur haut justicier. » Dans son savant ouvrage sur les marches et les villages, le professeur Maurer cite pour l'Allemagne des exemples d'un partage semblable à celui qui s'effectuait jadis à Orbey.

(45) Mise en liberté provisoirement et sous caution, mesure excellente qui est conservée par l'article 113 du Code d'instruction criminelle.

(46) En général, toutes les civilisations se sont armées de défiances et de rigueurs contre les gens sans aveu et les étrangers. Si quelques codes barbares (L. sal., tit. XLIII, et L. rip., tit. XXXVI) paraissent traiter les aubains sans trop d'hostilité, d'autres (L. burg., tit. XXXVIII et XXXIX ; *Leges* Inæ., c. 23 ; Edwardi, c. 27 ; Æthelstani, c. 2) poussent la suspicion et la sévérité jusqu'à adjuger au roi la personne et les biens de ces émigrants. De là le droit haineux à l'égard des étrangers. Il tire son principe de l'organisation sociale. Au moyen âge, pour jouir dans la société d'une position régulière, tout individu doit *s'avouer* d'un autre homme. L'étranger, tant qu'il n'a pas rempli cette condition, qu'il ne s'est point choisi un protecteur, se trouve par le fait en état d'insurrection contre la loi et l'ordre public. Rebelle et homme sans aveu, il appartient de droit au seigneur haut justicier sur les terres duquel on le rencontre.

C'est en vertu de ce principe que le landgrave de la haute Alsace exerce, en 1031 et 1315, dans certaines communes de la seigneurie de Ribeaupierre, le droit de WILDFANG, c'est-à-dire de s'approprier tout homme libre venant du dehors se fixer sur leur territoire (Schœpflin , *Alsat. dipl.*, n°ˢ 880 et 883). Peu à peu on se départit de cette pratique odieuse, de cette chasse à l'homme libre mais étranger, et la condition des aubains s'améliora. Ils finirent par acquérir la même condition que les hommes au milieu desquels ils s'établissaient. (Voir *supra*, art. 13 du Coutumier, et Bacquet, *Droit d'aubaine*).

(47) Les temps anciens avaient rehaussé la condition du bourgeois par de nombreux privilèges, tels que : le droit de posséder des fiefs, de ne pouvoir être cité en justice qu'au lieu de leur domicile, de ne point répondre au duel judiciaire provoqué par un étranger, etc. Notre article 37 offre un nouvel exemple de ces privilèges. Mais, de toutes les faveurs dont jouissaient les bourgeois d'Alsace, la plus singulière, en même temps que la plus exorbitante, était celle que le Mulhousois s'était arrogée par interprétation d'une charte d'Adolphe de Nassau (anno 1293). Piétry, dans sa *Chronique* (p. 81), la note de la façon suivante : « Le citoyen trouve dans sa maison un asile inviolable ; il ne peut y être arrêté, eût-il même commis un meurtre. Au contraire, sur sa demande les magistrats se forment en tribunal devant sa maison, et il leur répond de l'intérieur et de sa fenêtre quand cela est possible. » (Voir également Zwinger, *Chronique*; Code manuscrit de Mulhouse, anno 1551, et M. Ersham, *Mulhouse et ses libertés*.) —

Le droit d'asile en Alsace est une matière juridique peu connue dans ses détails. Je prépare un travail sur ce sujet intéressant.

(48) La liberté du commerce et de l'industrie, proclamée par le statut de 1513, reçut successivement des restrictions dans le val d'Orbey.

Ainsi, à partir de 1536, on ne peut être boucher qu'avec permission de la justice (art. 38 du Cout.).

Pour ouvrir cabaret, il faut une autorisation seigneuriale et payer une redevance annuelle de trois livres, quand on appose enseigne à l'établissement (Archives du Haut-Rhin, Bailliage d'Orbey, E. 4). Charles IX en France, et Charles III en Lorraine, avaient tarifé le prix des repas chez les taverniers et hôteliers. Les Ribeaupierre, à leur imitation, promulguèrent des édits somptuaires de 1515 à 1629 (Archives du Haut-Rhin, Seigneurie de Ribeaupierre, E. 706).

Relativement à l'exercice de la boulangerie, je n'ai rien découvert qui l'entravât : malgré cela, je suis tenté de croire qu'elle n'était point exempte de tout obstacle dans la vallée d'Orbey.

Les trois professions précédentes avaient été, au moyen âge, entourées partout de restrictions et de priviléges. En voici, pour l'Alsace, un exemple curieux. A Kogenheim et à Sermersheim, les aubergistes n'ouvraient établissement qu'avec l'autorisation de Mme l'abbesse de Niedermunster et moyennant finances. Dans leur débit, ils devaient avoir deux sortes de vin, du rouge et du blanc. Les honnêtes gens du village en tarifaient le prix après dégustation, et la vente avait lieu suivant leur estimation (Archives du Bas-Rhin. Rotule colonger de 1286. G. 1687). *Adde suprà*, page 27.

Jusqu'en 1791 ces trois professions demeurèrent, en France, sous le coup de prohibitions ou de faveurs analogues à celles que nous venons d'indiquer. La loi des 2-17 mars, en les rendant libres et facultatives quant à leur exercice, les soumit cependant à des mesures de police dans un intérêt de moralité et d'ordre public. — La boucherie est réglementée par les décrets des 6 février 1811, 5 mai 1813, 18 octobre 1829, 24 février 1858 et 28 janvier 1860. — Après des épreuves, le décret du 22 juin 1863 a affranchi la boulangerie de toute entrave. — En revanche, le décret du 5 décembre 1851 ne permet d'ouvrir des débits de boissons à consommer sur place qu'avec une autorisation préfectorale.

(49) Voir Code Napoléon, sur les causes générales de nullité des contrats, articles 1108 et suivants ; sur la résolution de la vente pour vilité de prix, article 1658 ; sur la rescision de la vente pour cause de lésion de plus des sept douzièmes, article 1674 ; sur la rescision des partages pour lésion de plus du quart, pour dol ou violence, article 887.

Le Code Napoléon n'admet pas la rescision pour cause de lésion dans le contrat d'échange, article 1706.

(50) Il importe de remarquer que le statut arbitre, pour tous les cas de nullité ou de rescision, d'une manière fixe, le montant du dommage et le quantum de l'indemnité. Il crée une pénalité invariable.

(51) Il ne faut pas confondre avec le retrait lignager le retrait successoral, institutions qui, inspirées toutes deux par l'esprit de conservation

des biens dans une même famille, furent jadis légitimes, tandis qu'aujourd'hui elles se trouvent dans des conditions juridiques très-différentes. Le retrait successoral, c'est le droit pour un cohéritier de se faire subroger dans l'achat fait par un étranger des droits successifs de son cohéritier, afin d'écarter cet étranger du partage. Au contraire, le retrait lignager confère, pendant un délai déterminé, à tous les parents du vendeur d'un immeuble la faculté de retirer ce bien des mains de l'acquéreur, en indemnisant ce dernier du prix d'achat et des loyaux frais. En autorisant la première de ces mesures comme avantageuse à l'intérêt des familles (art. 841), le Code Napoléon a écarté la seconde par un motif qui avait déjà déterminé sa proscription de la loi romaine (Loi 19, C. *De contrahenda emptione*). Le retrait lignager est considéré comme une grave injustice et un obstacle à la libre transmission des biens. Il se rattache à la constitution primitive de la propriété et de la famille. En effet, la terre, par une sorte d'indivision, mieux formulée dans les faits que dans les principes, semble, à l'origine, appartenir à tous les membres d'une même famille. Et quand le propriétaire, pressé par un motif puissant, la faim ou une mort imminente, veut vendre son bien, il doit l'offrir à ses parents, en commençant par les plus proches, et il ne recouvre sa liberté de disposition en faveur d'un étranger que sur leur refus d'acquérir (*Leges Wallicæ*, lib. II, c. 15, 17, et lib. IV, c. 85 ; L. sax., tit. XV, § 3, et tit. XVII, § 1). Voilà ce qui, dans les lois anciennes, sert de fondement au retrait lignager. Maintenue dans les traditions alsatiques par les diplômes, par les coutumiers (Livre des fiefs, lib. II, tit. XXXIX, et lib. V, tit. XIII ; *Leges Burcardi*, ch. II et VI ; *Miroir de Souabe*, ch. CXII, § 3) et les statuts municipaux, cette institution est restée en vigueur jusqu'en 1790 dans toute la province, excepté à Colmar, où elle ne fut jamais admise (Ballet, *Conférences*, p. 70). Les règles pour intenter l'action en retrait variaient singulièrement, suivant les localités, soit quant au délai, soit quant aux formalités requises. L'article 40 du Coutumier indique celles qu'on suivait particulièrement dans le val d'Orbey. Ajoutons, pour les compléter, que le retrait pouvait être exercé par tout parent du vendeur du côté et ligne qui avait mis le bien dans la famille, que ce parent fût le plus proche ou le plus éloigné, peu importait, pourvu qu'il se présentât le premier (Conseil souverain, 7 février 1699. Arrêts notables, III, p. 188). Il faut dire encore qu'on avait pris certaines précautions contre le retrayant, afin qu'il ne rendît point l'acquéreur primitif victime d'un dol ou d'une fraude. Ainsi il était parfois soumis à un serment : dans tous les cas, il devait garder le bien retiré pendant un an et jour, sinon l'acheteur évincé reprenait ses droits.

(52) La quarte ou pot équivaut à deux litres, deux litres et demi.

(53) « Les prescriptions, dit Coquille, sont introduictes pour le bien public, à ce que les propriétés des choses, et les droicts ne demeurassent tousjours ou fort longtemps en incertitude qui engendreroit une confusion et désordre en la société des hommes : pourquoi y a esté prefixé un temps certain, dedans lequel chacun deust estre soigneux de rechercher ses droits. » (Sic l. I, D. *De usucap. et prescript.*, 41. 3). Le Code Napo-

léon fixe, autrement que le Coutumier d'Orbey, le délai nécessaire pour acquérir par prescription. Le temps requis est de dix, vingt et trente ans, selon les cas : article 2260 et suivants. Comme dans notre statut, les incapables sont protégés contre la prescription par les articles 2251 et suivants du C. N.

(54) De tout temps il a été d'usage, au val d'Orbey, que s'il se trouvait des enfants au décès de l'un ou l'autre des conjoints, ces enfants recevraient, à la diligence du procureur fiscal, un tuteur qui veillerait sur leur personne et leurs biens. Cette prescription paraissant négligée, un décret de 1751 la rappela et prononça une amende de 10 livres au profit de la seigneurie de Ribeaupierre contre le conjoint survivant ou les parents qui refuseraient de faire procéder à cette élection du tuteur (Archives du Haut-Rhin, Bailliage d'Orbey, E. 2). Dans toute l'Alsace, la personne et les biens des mineurs étaient l'objet d'une surveillance particulière (voir les statuts de Colmar, d'Obernai, de Bischwiller, de la Petite-Pierre, du val de Lièvre). Strasbourg, qui aujourd'hui peut encore s'enorgueillir de ses anciennes institutions, avait confié les intérêts des mineurs à un tribunal spécial, dit des *Vogtei-Gericht*.

(55) Cfr. Cout. de Lièvre, articles 35 et suivants, et notre Code de procédure civile, titre *Des saisies*.

(56) La rédaction de 1536 donne la variante que voici :

« Après la mort d'un père et d'une mère, les enfants survivants doivent partager l'hérédité par portions égales ; si l'un d'eux, pourvu par avance, se contente de la dot qu'il a reçue, que ce soit peu ou beaucoup, et s'il n'élève aucune prétention sur la succession, ses autres frères et sœurs, ses cohéritiers, doivent le laisser jouir paisiblement de son lot. Mais dans le cas où il ne voudrait pas se contenter de sa dot, il devra rapporter tout ce qu'il aura reçu auparavant et partager avec ses autres cohéritiers par portions égales. »

(57) Il importe de remarquer les mots : *enfants procréés en loyauté de mariage*. L'innovation date de 1564. Les enfants naturels, chez les Celtes, concouraient avec les enfants légitimes dans la succession de leur père et mère (Waroeus, de Hiberniâ, c. 8, p. 40, édit. 1658. Michelet, *Hist. de France*, I, 148). Même règle dans l'édit du roi lombard Rotharis (c. 150 à 160). Ici les bâtards sont totalement écartés du patrimoine paternel. Notre Coutumier indique cependant, dans l'article 50, en quel cas et à quelle condition, ils peuvent être gratifiés de donations. Leur condition actuelle, sous le rapport successoral, est déterminée par les articles 756 et suivants du Code Napoléon.

(58). Les lois barbares avaient imaginé, dans une même hérédité, différentes sortes de biens, différents ordres de succession et différents héritiers. L'Alsace, à la renaissance du droit romain, rompit avec ces traditions germaniques qui restèrent le droit commun de la majeure partie de l'ancienne France. Fidèle à la législation justinienne, elle fonda l'ordre successoral sur une base indestructible : les droits du sang et l'égalité absolue. Aussi, dans notre Coutumier, point de distinction entre les différents objets de la succession, soit à raison de leur nature (meubles ou immeubles), soit à raison de leur origine (propres ou acquêts, biens paternels ou maternels); point de distinction suivant le sexe ou la primogéniture des enfants, pourvu qu'ils soient légitimes. En un mot, le patrimoine, masse unique et homogène, se divise entre tous les héritiers par égales parts (Cfr. C. Nap., art. 732 et 745). Cependant le levain des vieux temps persista en deux points qu'il faut mettre en relief.

I. Quoique, en principe, on ne distingue point les biens du père de ceux de la mère, par exception quelques localités de la province avaient retenu la coutume germanique (L. Thuring., tit. VI, §§ 5 et 6; L. Burg, tit. LI, § 3; Leg. Burkardi, § 10; *Miroir de Souabe*, liv. I, ch. CCLXX et CCLXXIII, édit. Seckenberg; *Miroir de Saxe*, liv. I, ch. XXVII) et observaient une double succession mobilière : la *Gerade* des filles, ou *Spindeltheil*, et l'*Herwede* des mâles, ou *Schwerdtheil*. On attribuait aux filles le linge, les vêtements et les bijoux de la mère ; et aux fils, les habits, l'équipement militaire, le cheval et les objets mobiliers à l'usage ordinaire du père. Il est probable que ces dévolutions particulières, minimes en soi et se compensant d'ailleurs réciproquement, ne troublaient pas l'égalité des partages. Si par hasard l'équilibre était détruit, le magistrat avisait à son rétablissement en admettant les deux sexes au partage. Ainsi se passèrent les choses en 1787 à Munster, où le luxe féminin avait pris accidentellement une extension excessive et préjudiciable aux hommes (Archives de la ville de Munster, F. F. 155).

II. Quoique, en principe encore, le droit alsatique répudiât toute distinction de sexe et de primogéniture, cette règle souffrait exception dans le droit de *juveigneurie*.

Il forme, pour les successions roturières, le contre-pied de l'*aînesse* dans les successions nobles : il attribue non pas à l'aîné des enfants, mais au cadet le manoir paternel.

Ce droit n'appartient pas en propre à l'Alsace. Il a été et il est encore aujourd'hui en vigueur dans certaines parties de l'Angleterre, de l'Allemagne, des Pays-Bas et de la Suisse. Jusqu'aux lois des 15 mars 1790 et 8 avril 1791, il a été pratiqué dans le Hainaut, la Flandre, la Picardie, l'Artois et la Bretagne, aussi bien qu'en Alsace (Merlin, *Quest. de droit*, v° FÉODALITÉ).

Sa dénomination était empruntée, tantôt à l'état de la personne à pourvoir ou à la place que l'élu prenait dans la famille, tantôt à la manière dont le privilégié exerçait son droit, soit à son profit, soit contre ses cohéritiers ; et on l'appelait, suivant ces distinctions *maisneté* en Artois, Picardie et Hainaut ; *madelstade* en Flandre ; *quevaise* en Bretagne ; *accès* ou *préférence* (*vorsitzgerichtikeit*) en Alsace.

Dans ces diverses contrées, la juveigneurie n'a jamais eu le caractère étendu et général de l'aînesse. Elle n'a embrassé ni toutes les classes de la société, ni tout le territoire de la province.

Facultative en Alsace pour les nobles et les gens élevés en dignité, elle fut toujours obligatoire pour le commun peuple et la population rurale, mais là seulement où elle était reconnue comme institution ; car, coutume essentiellement locale dans notre province, on la rencontre présente ici dans un village et défaillante là tout à côté. Aussi n'en ai-je découvert l'application que dans les lieux dont voici la liste : comté de Ferette, Artholsheim, Biesheim, bailliage de Kochersberg, baronie de Bollwiller, bailliages de Jungholtz et de Rumbach, Hesingen, bailliage de Brunstatt, Cernay, Chatenois, Ebersheim, Eguisheim, bailliage d'Escherswiller, seigneurie de Granvillars, Morvillars, Mézire, Théoncourt et Bourogne, comté de Foussemange et Fontaine, seigneurie d'Herlisheim, Hastatt, Wœglinshoffen, Hüsseren et Sülzbach, Hirsingen, comté de Montjoie, Bisch, Eméricourt, Ruderbach et Bruebach, bailliages de Landser, de Ribeauvillé, de Zellenberg, de Guémar et de Sainte-Marie-aux-Mines, comté de Horbourg, seigneurie de Riquewhir, Rouffach, Seppois-le-Bas, prévôté de Traubach, bailliages de Sirentz, de Wittelsheim et de Widensol, comté de Villé.

Je dois ajouter à cette liste le bailliage d'Orbey. Malgré le silence du *Coutumier*, le droit d'accès me paraît avoir été pratiqué dans cette vallée de même que dans toutes les autres parties de la seigneurie de Ribeaupierre.

On peut, sans exagération, reporter l'antiquité de la juveignerie jusqu'aux premiers habitants de l'Alsace, jusqu'aux Celtes. Les lois d'Houël-Dä, écrites au dixième siècle en langue galloise, sont justement considérées comme le plus pur et le plus fidèle miroir des usages celtiques. Or, voici, d'après la traduction latine de Wotton, ce qu'elles nous disent de l'institution, objet de nos recherches : « Villanorum filii in fundos paternos non « succedent, communes enim erunt illis cum cæteris villanis. FILIUS « TAMEN NATU MINIMUS CUJUSLIBET EORUM PATRE MORTUO, DOMICILIUM « EJUS JURE HEREDITARIO HABEBIT. » (*Leges Wallicæ*, édit. Wotton, Londres, 1730, in-fol., liv. II, chap. XII, fragm. 10 et seq.) Un cas singulier fait l'objet de la disposition suivante : « Si uno partu femina gemellos pepererit, « et partus iste sit ultimus quem vir ejus ex illa tulerit, oportet matrem « scire uter eorum NATU JUNIOR fuerit, ut ille ACCIPIAT DOMICILIUM « PRINCIPALE et affirmatione matris res inter ipsos terminabitur, si incer-« tum fuerit uter eorum natu maximus, quis minimus sit, et necesse sit « alterum altero juniorem esse, æquum est ut domicilium principale inter « ipsos æqualiter dividatur, cum ad utrosque æqualiter pertineat... Qui-« dam judices affirmant, quod usquedum certum fuerit uter eorum sit « junior, domicilium debitum, neutri assignabitur. » (Liv. V, chap. V, « fragm. 56, p. 487.) Dans un autre passage des lois walliques, je relève encore sur le partage des successions le texte suivant : « Cum fratres « hereditatem paternam inter se diviserint, FRATER NATU MINIMUS HA-« BEBIT DOMICILIUM PRINCIPALE, cum octo jugeris et instrumento rustico « et omnibus ædificiis paternis et lebete et securi ad dissecanda ligna et « cultro : hæc enim tria pater nec donare nec testamento legare potest ulli « nisi filio natu minimo ; et licet oppignerentur nunquam decident. Et « tunc quilibet frater domicilium cum octo jugeris accipiet, et frater natu « minimus dividit et seniores gradatim descendendo eligent. » (Lib. II, chap. XV, fragm. 4, p. 139.) Ainsi la coutume celtique réserve au plus jeune des enfants mâles la maison paternelle, le domicile principal de la famille. Grâce à la politique des Romains et des Germains, qui n'imposèrent jamais de force aux vaincus leur langue, leurs mœurs et leurs lois civiles, elle a survécu à leurs invasions et elle s'est maintenue à travers les siècles jusqu'à

notre âge. Je citerai une triple preuve de sa persistance en Alsace :
d'abord le diplôme délivré en 824 par Louis le Débonnaire à l'abbaye
d'Ebermunster : « Si quis autem de familia ecclesiæ obierit... JUNIOR
« FILIUS si de familia ecclesiæ fuerint cum matre INFEODATUR » (Grandidier, *Histoire d'Alsace*, liv. I, chap. II, p. 158, prob., n° 87); en second
lieu, le statut de Ferette, qui, en 1567, qualifie ce privilége du cadet de
coutume des ancêtres, observée de toute antiquité et se perdant dans la
nuit des temps; enfin les usages locaux.

Voici comment la juveigneurie fonctionnait chez nous dans le dernier
état de la législation.

Chez le roturier, bourgeois ou paysan, le manoir paternel appartient au
plus jeune des enfants, sans aucune distinction de sexe. Par exception
à ce principe, dans certaines localités (Bolwiller, Ingholtz, Rumbach,
Hésingen, Brunstatt, Cernay, Ebersheim, Ribeauvillé, Zellenberg, Sainte-
Marie, Wittelsheim, Chatenois et Granvillars), le droit d'accès se concen-
tre exclusivement dans la descendance masculine, et, à défaut d'enfants
mâles, s'éteint sans jamais passer, comme ailleurs, à la postérité fémi-
nine. Lorsqu'il advient aux filles sans concurrence avec des frères, c'est,
suivant la règle ordinaire, la plus jeune d'entre elles qui exerce l'option ;
cependant ici encore une exception et une singularité. Tandis qu'à
Montjoie, Hirsingen, Emericourt, Ruderbach et Bruebach, filles aînées et
cadettes demandaient au sort la désignation de celle qui retiendrait la ré-
sidence de ses ancêtres, à Artholsheim et à Escherswiller l'aînée jouit toujours par préférence du droit d'accès.

La juveigneurie étant la suite d'une qualité de comparaison, on investit
du privilége l'enfant qui se trouve le cadet au moment du décès de ses
père et mère, et le puîné du fils puîné décédé pendant la vie du père
n'acquiert jamais le droit de représenter son auteur dans la succession de
son grand-père, sinon à Ferette et à Ebersheim. Il importe peu, d'ailleurs,
qu'au moment de l'ouverture de la succession, le cadet soit majeur ou mi-
neur. Deux ou trois statuts locaux exigent toutefois que le juveigneur soit
en état de posséder par lui-même et affranchi de toute tutelle ou curatelle.
Un arrêt du conseil souverain d'Alsace, en date de 1744, décida que le dernier né d'un premier lit, fût-il seul enfant survivant de cette union, exer-
cerait l'option par préférence au dernier né d'un deuxième lit (Arrêts notables, t. III, p. 289). Mais cette pratique, propre à certains villages
était condamnée par le reste de la province, et c'est toujours le cadet du
deuxième lit qui, dans l'hypothèse précitée, use du droit d'accès.

Nulle part je n'ai vu qu'on fixât un délai pour intenter cette action. Selon toute apparence, ce délai est le même que pour exercer le retrait lignager, c'est-à-dire variable selon les lieux : ici quinze jours, là trois semai-
nes, et le plus généralement un an et un jour.

En Picardie et en Flandre, la maisneté porte simultanément et sur des
objets mobiliers, et sur des biens-fonds.

En Alsace, au contraire, elle est toute immobilière ; elle n'embrasse que
la maison paternelle, *Chesal, Gülthoff*, sans qu'on se préoccupe de son origine,
que la maison provienne du patrimoine du père ou de celui de la mère. Par

maison paternelle, on entend non-seulement le bâtiment d'habitation, mais encore les cours, granges, écuries, jardins, et même les biens emphytéotiques. Pourtant à Guémar, Zellenberg, Sainte-Marie et Ribeauvillé, la préférence ne s'étend à ces dépendances qu'autant qu'elles sont intimement rattachées à la maison. Quand dans l'héritage à partager il existe plusieurs maisons, on procède de la façon suivante : le cadet des enfants prend celle qui lui convient, et les autres maisons sont estimées au profit de ses frères en remontant du plus jeune à l'aîné ; s'il y a moins de maisons que d'enfants, les non privilégiés prennent un immeuble quelconque, jardin, verger, prairie, vigne ou terre arable. Lorsque, au contraire, la succession se compose de plus de maisons que d'enfants, on renouvelle le partage d'après l'ordre précédent ; et, dans quelques localités où les mâles sont privilégiés, on attribue ce surplus des maisons aux filles exclues jusque-là, et en commençant par la cadette.

A la différence de l'aînesse, qui *fait*, selon l'expression de Pasquier (*Recherches*, liv. II, ch. XVIII), *au premier-né mâle une plus large part au gâteau*, le droit d'accès respecte scrupuleusement dans notre province l'égalité successorale ; et si le puîné des enfants a l'avantage de garder la maison paternelle, il ne l'obtient pas sans indemniser ses cohéritiers. Des experts, après avoir de concert avec ceux-ci visité la maison de haut en bas, déterminent le taux de la récompense aussi exactement que possible ; et, en cas d'exagération, le magistrat appréciateur suprême augmente ou diminue leur évaluation selon la plus stricte équité. Une fois ces opérations terminées et le prix de la maison arrêté, le juveigneur entre en possession, et solde à ses cohéritiers le prix convenu, soit au comptant, soit à termes amiablement fixés. Le payement de l'indemnité est tellement obligatoire, que si le cadet meurt avant de l'avoir effectué, son fils cadet ne peut recueillir par succession la maison mortuaire, et cette maison est dévolue au plus jeune frère du décédé.

Tel est le droit d'accès en Alsace ; telles sont ses règles.

Maintenant quelle est la cause du singulier privilège accordé au dernier né des enfants? Cette question a été posée plus d'une fois et elle a reçu les quatre solutions suivantes :

1° L'affection exclusive vouée par les père et mère à l'un de leurs enfants a été tour à tour, selon qu'elle se portait sur le premier ou le dernier né, assignée comme fondement aux droits de juveigneurie et d'aînesse. Les champions réciproques de ces deux institutions ont même prétendu, en s'étayant de l'autorité des livres saints, que chacune d'elles avait été marquée du sceau divin (Bonchel, v° AINESSE ; Macaulay, *Histoire d'Angleterre*, traduction de Peyronnet, I, p. 53). Tiraqueau (*De primogenitura et nobilitate*) a poussé l'exagération encore plus loin : il a soutenu que la prédilection pour l'aîné n'était pas seulement propre à l'homme, mais qu'elle était partagée par tous les animaux vivants dans les airs, sur la terre et dans les eaux. Ses incroyables efforts d'érudition ne nous ont pas convaincu. A nos yeux, la thèse contraire ne serait ni plus vraisemblable, ni plus sérieuse, ni plus concluante. De pareilles théories ne sont que jeux d'esprit. Une loi invariable de la nature, c'est l'amour égal des parents pour tous leurs en-

fants; et l'exagération de leur tendresse, soit au profit de l'aîné, soit au profit du cadet, n'a été et ne sera jamais qu'une déviation bizarre et déplorable de cette loi. Dès lors, comment asseoir deux institutions dissemblables par leur âge, leur esprit et leur but sur un même fait anomal? Comment leur donner pour raison d'être, à elles qui ont vécu, à travers les siècles, parallèles et persistantes, un caprice ou une faiblesse de l'homme? Ces éléments opposés n'offrent point de combinaison possible. Aussi, cette interprétation des origines de la juveigneurie ou de l'aînesse est-elle complétement abandonnée.

2° Dirons-nous, avec certains ennemis du moyen âge (Laya, *Droit anglais*, I, p. 313; Jaucourt, dans l'*Encyclopédie*; Selden), que cette institution de la maisneté prend sa racine dans le *droit du seigneur*. Les seigneurs féodaux revendiquant le privilége de passer la première nuit du mariage avec la femme de leurs tenanciers; ceux-ci, dans la crainte que leur premier enfant fût le fruit de ce libertinage, avaient imaginé de dépouiller ce fils aîné de leur patrimoine, et ils instituaient le cadet pour leur héritier. Pour qu'une pareille opinion mérite crédit, il est de toute nécessité que le droit du seigneur soit antérieur au droit de juveigneurie; qu'il ait été exercé en Orient aussi bien qu'en Occident, chez tous les peuples où a fleuri le privilége du dernier né; et que cette honteuse redevance ait toujours été acquittée en nature par les vassales. Or, l'histoire apporte des enseignements contraires. Le droit du seigneur, parfaitement inconnu à certains peuples qui ont pratiqué la maisneté, n'apparait qu'en Occident et au cours du moyen âge. Bien plus, il n'a jamais été soldé, d'après des témoignages impartiaux, que par une prestation en argent ou en denrées. (Michelet, *Origines du droit*, p. 263; Veuillot, *Droit du seigneur*; Cibrario, *Economie politique*, I, p. 38; Bouthors, *Coutumes d'Amiens*, I. p. 469.) En admettant même, par supposition, l'abus de la force et la redevance en nature, pourquoi la préférence du père tombe-t-elle sur le dernier né plutôt que sur le second des enfants, alors qu'on ne peut invoquer contre celui-ci la présomption d'illégitimité alléguée contre son frère aîné? Ce système n'explique point du tout cette nouvelle bizarrerie. Les invraisemblances et les incertitudes dont il est d'ailleurs entaché le condamnent et le doivent faire rejeter.

3° D'autres auteurs mieux avisés ont produit déjà une explication plus plausible, quoique erronée encore à certains égards. Suivant eux (Littleton, *Coutumes anglo-normandes*, sect. CCXI; *Encyclopédie de 1785*, vᵒ MAISNETÉ et QUEVAISE; Merlin, *Répertoire*, vᵒ MAISNETÉ; Blétry, dans la *Jurisprudence de la Cour de Colmar*, XXIII, p. 369), la juveigneurie aurait été engendrée et introduite dans les coutumes des peuples par l'esprit de justice des parents envers tous les enfants. Les aînés, outre qu'ils sont élevés, entretenus et établis aux frais de la famille, reçoivent encore dans les fiefs une part plus considérable que leurs frères. La plupart de ces avantages échappent aux cadets; ils échappent surtout au dernier né, qui, « s'il lui manque père et mère, pour cause de sa jeunesse, se peut le plus moins de tous ses frères lui-même aider. » Afin donc de secourir la détresse de ce jeune orphelin, et de lui permettre de subvenir à tous les besoins de la vie, on lui a remis équitablement le meil-

leur lot des successions roturières. Cette argumentation, qui renferme certains aperçus vrais, pèche cependant par plusieurs côtés. Elle méconnaît la haute antiquité du droit de juveigneurie ; elle ne tient pas compte de l'ignorance des fiefs par les peuples primitifs, elle oublie qu'en Alsace le cadet des enfants était privilégié sans aucune distinction de classe sociale (*Arrêts notables*, III, p. 257), et que le fief, tout en admettant pour sa transmission le privilége de sa masculinité, repoussait le droit d'aînesse. Il faut donc chercher une autre solution à ce problème.

4° Le P. du Halde, Montesquieu (*Esprit des lois*, liv. XVIII, chap. XXI), Blackstone (*Lois anglaises*, traduction Chompré, II, p. 342) et Houard (*Anciennes lois françaises*, I, p. 244) nous l'ont donnée. Ils se sont, à mon sens, beaucoup plus rapprochés de la vérité, sans avoir cependant fourni une interprétation tout à fait satisfaisante et complète des origines du droit de juveigneurie. Ils ont proclamé cette institution une loi de l'ordre social chez les peuples pasteurs et les races voyageuses. C'est toujours, disent-ils, le dernier né des mâles qui est l'héritier par la raison qu'à mesure que les aînés sont en état de mener la vie nomade, de conduire les troupeaux et de se livrer au commerce, ils sortent de la maison paternelle avec une certaine quantité de bétail et de marchandises donnés par le père, et ils vont former une nouvelle habitation. Le dernier né des mâles qui reste dans la maison avec son père est donc son héritier naturel.

Cette thèse, justifiée par les récits historiques, n'a d'autre inconvénient que de ne point rendre compte du motif pour lequel, dans les usages alsatiques et quelques autres, la fille dernière née est mise sur un pied d'égalité avec le fils dernier né. Cette lacune, je vais tâcher de la combler en développant les principaux membres de cette thèse au point de vue plus spécial de notre province d'Alsace,

L'émigration des aînés est un fait constant dans la vie des peuples primitifs. Il se reproduit chez les premiers habitants des bords de la Baltique et de la mer Noire, des rives du Danube, du Rhin et de la Tamise, aussi bien que chez ceux de la haute Asie.

La race belliqueuse des Germains et des Scandinaves, comme la race pastorale des Kimri et des Celtes, obéit à cette loi.

« *Apud Danos, pater filios adultos a se pellebat, præterquam unum quem sui juris heredem relinquebat.* » (Guillaume de Jumiége, *Chron. normann.*, lib. I, cap. 1; adde Wheaton, *Histoire des peuples du Nord*, traduction Guillot, p. 210 et 251.)

Pour les Celtes, même témoignage que pour les Normands, et en termes identiques, dans le chroniqueur Walsingham (*Ypodegma Neustriæ*, cap. 1). A cette notion générale sur le sort des aînés, les lois walliques (lib. II, cap. XXX, p. 179) ajoutent cette indication précieuse : A l'âge de quatorze ans, le jeune Celte passait de la puissance du père dans celle du chef politique ; il épuisait alors totalement l'autorité paternelle sur sa personne et ses biens, et il formait, grâce à cette dissolution des liens de la famille naturelle, une nouvelle famille pastorale et agricole.

Ces habitudes celtiques et scandinaves étaient, d'après César et Tacite, communes à certaines tribus germaniques.

Elles se maintinrent donc, après les grandes invasions du cinquième siècle, dans quelques régions rurales de la France, de l'Allemagne et de l'Angleterre, là où les conquérants apportèrent des mœurs analogues à celles des populations indigènes, là surtout où le noyau celtique resta plus pur, plus homogène et plus puissant.

Dans notre province d'Alsace, les aînés continuèrent, comme précédemment, à s'éloigner de bonne heure du toit paternel en emportant une dot, et en laissant au cadet le surplus de la succession. Parmi les nombreuses dispositions du Miroir de Souabe qui attestent cette coutume 1re part., chap. CCLXXXIV, CCLXXXV, CCLXXXIX, CCXC, CCXCI et CCCLXXXVII), je me bornerai à citer la suivante (chap. CCLXXXV) : « Si, dans la succession à partager, il existe un bien rural avec une maison habitée par le chef de famille (*Sedel, Ansedel*), ce bien échoit aux fils qui n'ont pas encore reçu le subside paternel à l'exclusion de leurs sœurs... S'il n'y a rien autre dans l'hérédité que ce bien rural, il dépend de la volonté et de la générosité des frères de donner à leurs sœurs ce qu'ils jugent à propos... Si, parmi les enfants, il y a plusieurs fils déjà pourvus d'une dot, alors ce bien rural demeure aux fils qui n'ont pas encore été apanagés... Et s'il reste, pour héritiers, des enfants de l'un et l'autre sexe non dotés et non congédiés de la maison paternelle, le bien rustique appartient aux fils de droit et par préciput. » Le Coutumier d'Orbey, au chapitre des Héritances (art. 43), rappelle lui aussi ces habitudes d'émigration naturelles à la famille alsatique. Ces instincts nomades des aînés, éminemment vigoureux aux douzième et seizième siècles, n'ont, au dix-neuvième, rien perdu de leur force ; et aujourd'hui encore, nos jeunes compatriotes vont fréquemment demander à une terre étrangère les ressources de la vie ou un établissement, que le foyer domestique ne leur offrirait, ni avec autant de facilité, ni avec autant d'avantages. Avec de telles mœurs, le manoir des ancêtres restait donc d'une façon inévitable et pour ainsi dire fatale à celui des enfants qui ne s'était point séparé du père, qui ne s'était point établi au dehors, et qui n'avait point été doté par anticipation ; en un mot, le cadet devenait l'héritier naturel et nécessaire du chef de la famille.

D'un autre côté, entre l'institution de la juveigneurie, la nature du sol et la vie pastorale, il existe une relation directe et étroite. En jetant un coup d'œil sur la géographie physique des contrées où ce droit a vécu et prospéré, on s'aperçoit que son existence ne s'est développée et soutenue que dans des conditions tout à fait particulières ; que là où il y avait abondance de prairies, de forêts, de landes, de terres vagues et de cours d'eau ; que là où la vie pastorale a été facile et supérieure à la vie agricole.

Sous ce rapport, l'Alsace, encaissée entre le Rhin et les Vosges, fertilisée par une multitude de petites rivières, riche en gras pâturages de tous temps célèbres, a été non moins privilégiée que d'autres provinces où a subsisté le droit de maisneté (Palatinat du Rhin, grand-duché de Bade, Wurtemberg, Westphalie, Suisse, Hainaut, Picardie, Artois, Flandre, basse Bretagne, comté de Kent, et pays de Galles). Aussi les premiers habitants de notre province, les Celtes, établis au sein de campagnes belles et fécondes, élevaient-ils d'innombrables troupeaux (Schœpflin-Ravenez, *Alsace illustrée, passim ;* Chauffour, *Hist. d'Alsace,* II, p. 317 ; Levrault et Rothmüller, *Musée pittoresque,* v° VAL D'ORBEY ; César, *De bell. gall.,* lib. IV, chap. II ; Strabon, lib. IV, p. 177 ; Grandidier, *Hist. d'Alsace,* p. 29 et 40).

Ces mœurs pastorales de nos aïeux, après avoir résisté çà et là à la triple révolution de la conquête romaine, de l'invasion germanique et de l'immobilisation de la société sur le sol, sont arrivées indélébiles jusqu'à nous sous l'influence de ces conditions territoriales spécialement favorables.

Pour démontrer l'exactitude de cette assertion, je ne prendrai point d'autre exemple que les localités mentionnées à la page 43. Echelonnées le long des Vosges ou situées en plaine à proximité de cours d'eau, elles nous rappellent, par la désinence finale de leur dénomination, une origine rustique et des domaines isolés d'abord au milieu des champs : elles nous révèlent, à quel genre particulier d'industrie se livraient leurs habitants, par la forme de ces demeures, qui sont encore aujourd'hui, comme au temps de César et d'Ausone, entourées d'un vaste espace gazonné où, dans l'enceinte d'une haie, le bétail prend en liberté ses ébats et sa nourriture (César, *De bell. gall.,* lib. VIII, chap. VIII ; Varron, *De re rusticâ,* lib. I, chap. XIII ; Ausone, *Mosellane* ; M. Hanauer, *opp. cit. passim*).

A ceux qui seraient tentés de contester ces signes matériels du passé, j'opposerai un autre témoignage irrécusable. Qu'ils ouvrent les diplômes, qu'ils consultent les constitutions de ces campagnes (Schœpflin, *Alsatia dipl.* ; M. Hanauer, *Constitutions, passim,* et *supra,* p. 22), ils verront, au chapitre des devoirs imposés aux tenanciers, l'obligation pour les colons d'élever des troupeaux, par suite d'entretenir des prairies, de conserver le sol forestier ; ils verront l'obligation d'acquitter les redevances en animaux domestiques aussi souvent qu'en denrées et en argent, si toutefois les deux modes de prestation ne sont point réunis ; ils verront les bouviers affranchis de certaines contributions.

Ceci montre quel haut prix on a toujours attaché à l'élève du bétail : elle n'a pas moins d'importance que la culture même du sol, et ne mérite pas moins d'honneur. Ces deux industries sont sœurs ; dans la vie des campagnes, elles doivent s'entr'aider et se compléter. Aussi l'on a assis leur prospérité commune sur la même base : l'indivision de la cense du manoir paternel. Cette cense, quel que soit son but, agricole ou pastoral, ou tous deux à la fois, ne peut, à aucun titre et sous aucun prétexte, être morcelée.

Cette indivisibilité de la tenure (Gülthoff) est un fait aussi général qu'ancien et significatif chez tous les peuples qui ont pratiqué la juveigneurie. Des lois tartares et celtiques, elle est arrivée, en passant par le *Miroir de Souabe* et les *diplômes,* dans les coutumes de nos pères (Montesquieu, *Esprit des lois,* liv. XVIII, chap. XXI ; L. Wallicœ, lib. II, chap. XII, XV et XVII ; lib. IV, chap. LXXXV ; lib. V, chap. V ; *Miroir de Souabe,* 1re part., chap. CCLXXXV ; une charte inédite, déposée aux Archives des Vosges et délivrée en 1464 pour les biens que l'abbaye d'Etival possédait en Alsace, porte : « Si les tenanciers ont plusieurs héritiers, ces hoirs ne doivent diviser la ménantie. Mais *cette ménantie devra demeurer à l'un des héritiers seulement.*) » Elle offrait, quant à la maisneté, l'inappréciable avantage de cou-

cilier trois intérêts opposés : — celui des aînés, qui, dotés par anticipation,
n'avaient point à rapporter leur avancement d'hoirie à la succession paternelle; — celui du cadet, qui, héritier unique du domaine rural, était plus
en mesure par la diminution des frais d'administration d'obtenir dans une
vaste exploitation des résultats rémunérateurs de son travail; — et celui
du maître du sol, qui, en face d'un tenancier riche, était mieux assuré du
payement des redevances. (Voir *Usements de Bretagne*, Rohan, art. 19 ; Otton
Tabor, *Opera varia*, I, p. 947 ; Lettre du bailli de Bollwiller, adressée en
1738 au premier président du conseil souverain d'Alsace.) Cette concen-
tration des forces rurales dans une main unique donnait à la juveigneurie
une sorte d'allure féodale, et en faisait dans l'ordre rustique le majorat du
puîné. Cette apparente similitude avec l'aînesse sauva notre institution
partout où elle était établie, et lui ménagea, au sein d'un milieu social
hostile, les moyens de triompher des vives attaques dont elle fut l'objet
(Voir ces attaques dans : Furic, *Sur l'usement de Cornouailles* ; Lettre du
prévôt de Traubach à M. de Corberon en 1739 ; Garran de Coulon, l'*Encyclopédie*, vº QUEVAISE).

Après avoir expliqué comment, chez quels peuples, dans quelles conditions territoriales et par quelles causes économiques le droit de juveigneurie a été institué et maintenu, je dois dire le motif pour lequel, à mon
sens, en Alsace, la fille dernière née a été mise sur la même ligne que le
fils dernier né. A l'origine, il n'en était point ainsi. Pour porter la hou-
lette ou manier le soc de la charrue, il fallut, comme pour tenir l'épée,
une main virile. La juveigneurie commença, ainsi que l'aînesse, par
être le privilége du sexe masculin. Les lois tartares et celtiques s'ac-
cordent en ce point : dans l'attribution du manoir paternel, les frères
cadets écartent leurs sœurs puînées. La polygamie et la licence des mœurs
chez les races nomades et en particulier chez les Celtes explique cette
coutume. « La femme, objet de plaisir, simple jouet de volupté, ne
semble pas avoir eu chez eux la même dignité que chez les nations germaniques. » (Michelet, *Hist. de France*, I, p. 148.) Au moyen âge on
exclut la fille par une autre raison. On redoute de la voir porter par un mariage les biens patrimoniaux dans une famille étrangère. Très-probable-
ment par suite de cette crainte, un petit nombre de localités d'Alsace, de
Flandre, de Picardie et de Bretagne, gardèrent cette primitive tradition celtique avec un attachement obstiné jusqu'en 1791. Cependant le privilége
de masculinité disparut, ou tout au moins s'altéra. En effet, dans le dernier
état de la législation alsatique, la dévolution du manoir paternel s'effectue
en *général* au profit du puîné des enfants, sans aucune distinction de sexe ;
de plus, dans certaines coutumes où elle était d'abord caduque faute de
descendance masculine, les femmes l'obtinrent dans cette hypothèse. Cette
double révolution du droit se rattache manifestement à une cause d'un ordre plus élevé qu'une bizarre variété d'usages. Le christianisme avait ap-
porté au monde l'égalité des deux sexes. En son nom, au septième siècle,
le moine Marculfe, dans une touchante formule, traitait d'impie l'antique
coutume successorale qui spoliait les filles au profit de leurs frères. Longtemps encore après que cette voix se fut élevée en leur faveur, elles res-

tèrent sous le coup de cette injuste déchéance, et elles ne commencèrent à recueillir en qualité de cadettes le manoir paternel qu'après que notre province eut adopté l'admirable système successoral conçu par Justinien.

Ainsi, sauf les modifications dont je viens de préciser l'objet et les causes, le droit du juveigneur est arrivé jusqu'à nous avec le caractère, le but et la physionomie que les races nomades avaient imprimés à son organisation dès les temps les plus reculés.

(59) Le rapport est la conséquence forcée de l'égalité, ce principe fondamental de la loi successorale.—Voir, sur le rapport de la dot, des dispositions analogues à celles de notre coutumier dans le *Miroir de Souabe, landrecht*, ch. 285 (édit. Seckenberg), et le *Miroir de Saxe, landrecht*, t. I, art. 13. Cfr. C. Nap., art. 843 et suiv.

(60) Les articles 1094 et suivants du Code Napoléon fixent la quotité des libéralités permises entre époux avant et pendant le mariage. En autorisant les donations durant l'union conjugale, notre droit actuel s'éloigne de la loi romaine pour se rapprocher des lois barbares, dont l'esprit tendait plutôt à identifier les personnes et les biens des conjoints qu'à les isoler. En effet, les lois franques, salique (tit. XLVIII) et surtout ripuaire (tit. XLIX), encouragent ce genre d'avantages en l'absence d'enfants. Par son article 44, le coutumier d'Orbey les suit dans cette voie. Pas plus que la loi romaine (Beautemps-Beaupré, *Portion disponible*, t. I, p. 341), il ne prescrit la mutualité de la donation, quoique dans le texte nouveau et réformé le mot *ensemble* paraisse requérir cette mutualité, qui est *ordinaire* dans les diplômes (Baluze, t. I, p. 382, 408, 477, 523, 894, 934, 974, etc.), et *obligatoire* dans l'ancien droit français (Loisel, *Institutes*, I, 2, 36). Pas plus que la loi ripuaire, il ne redoute que le mari abuse de sa position pour contraindre la femme, sa pupille, à une libéralité forcée, et il n'impose point, comme certaines coutumes (*Lièvre*, art. 70, *Évêché de Metz*, tit. VIII, art. 2 et 3), à la femme qui fait donation à son mari *un maimbourg besognant en son nom pardevant justice*. Néanmoins, entre la loi ripuaire et la coutume d'Orbey, il y a une différence capitale : l'affectation des biens, bornée dans la première aux enfants, est étendue dans la seconde aux autres héritiers du sang. On ne peut appauvrir les collatéraux au profit d'un conjoint, bien que dans l'ordre des affections ils occupent un moindre rang. Aussi, tandis que chez les Ripuaires un époux peut donner à l'autre tous ses biens en toute propriété; à Orbey, au contraire, il doit borner sa libéralité à un usufruit viager, et réserver la nue propriété aux héritiers du sang. — Le droit celtique statuait déjà comme notre Coutumier, et la disposition de l'article 44 pourrait fort bien avoir cette antique origine. (Laferrière, *Histoire du Droit français*. t. II, p. 845).

(61) Dresser les contrats de mariage avant la célébration de l'union conjugale, éviter dans leurs clauses de porter atteinte aux lois d'ordre public, faire de ces pactes la charte immuable de la famille : voilà le vœu du Code Napoléon (art. 1387 à 1398). Rien de plus opposé à ces maximes que le droit alsatique.

En effet, la rédaction des conventions matrimoniales avant le mariage n'est point obligatoire ; on les forme aussi valablement après qu'avant la célébration.

Les conjoints qui en ont dressé, peuvent, durant leur union, les changer, les modifier et même les abolir totalement pour s'en référer au statut local. Pour ces annulations, le concours des parents et des tiers n'est requis qu'autant que ceux-ci ont été directement parties stipulantes ; d'un autre côté, il est loisible aux époux mariés sans contrat et par conséquent régis, quant à leurs intérêts pécuniaires, par la coutume locale, d'arrêter les conventions après dix, vingt années et plus de mariage.

Enfin, il n'est point défendu aux contractants de déroger par leurs stipulations à la dévolution légale des successions, et de se créer des avantages qui, en cas de secondes noces, étaient souvent préjudiciables aux enfants. La loi *hac edictali* ne gênait point tout d'abord leur liberté de disposition ; elle ne fut introduite en Alsace qu'en 1743 (Ordonnances d'Alsace, t. II, p. 252).

Par ce qui précède, on voit combien le droit commun de la province s'éloigne de notre régime actuel quant à la confection des contrats de mariage.

(62) En rapprochant le texte ancien du texte nouveau, on voit qu'on a résolu, en 1536, le point resté sans solution en 1513. Ainsi complété, ce système matrimonial forme une variété importante parmi les trois genres principaux qui divisaient, pour ainsi dire, la province en zones distinctes : au centre, la dévolution ; au nord, la communauté d'acquêts ; au sud, la communauté universelle, et qui avaient leur type dans le droit de Colmar, de Strasbourg et de Ferette. Analysons rapidement chacun de ces régimes, afin de montrer les analogies et les dissemblances avec notre coutumier.

I. La dévolution, empruntée au droit statutaire de Cologne, avait été transplantée en Alsace par les Césars germaniques, qui, à partir de 1278, en avaient successivement doté Colmar et les autres villes impériales ; elle y gouvernait les unions conjugales à défaut d'accords spéciaux.

Dans ce régime, tous les biens des époux, sans aucune exception, forment pendant le mariage une masse unique qui, à sa dissolution, se sépare en deux lots : l'un mobilier, l'autre immobilier.

Tous les immeubles, quelle que soit leur origine, sont attribués exclusivement en nue propriété aux enfants issus du mariage, et en usufruit viager au conjoint survivant. Il va de soi que leur aliénation ne s'opère qu'en cas d'extrême nécessité, par permission spéciale du magistrat et avec le consentement des nus propriétaires. Lorsque les enfants saisis de la dévolution meurent avant leur auteur, *ab intestat*, et sans postérité, ou lorsque le mariage n'a point produit d'enfants, le survivant des époux conserve tous les immeubles de la communauté par droit de succession dans la première hypothèse, et par droit de donation dans la seconde.

Quant aux biens meubles, il les prend tous, et, maître absolu, il en dispose à son gré et sans contrôle.

En retour de ces avantages, il a la charge d'acquitter toutes les dettes mobilières de la communauté et les intérêts du passif immobilier.

Pourvoir à l'entretien, à l'éducation et à la dotation des enfants, c'est encore son affaire. Lorsque le conjoint survivant convole à de secondes noces, quelques statuts locaux lui infligent, à titre de peine, l'obligation de donner aux plus proches héritiers de son conjoint prédécédé, le mari un tiers, et la femme deux tiers des meubles recueillis dans la communauté (Pierre Stockmann, *De devolutione tractatus*).

II. Dès le douzième siècle, Strasbourg avait inauguré entre époux la communauté d'acquêts avec réserve des apports mobiliers et immobiliers. Ses *jura et leges* avaient modelé cette société, quant à ce qui constitue l'acquêt conjugal, sur la loi romaine *Pro socio*, et, une fois les dettes payées et les reprises des conjoints prélevées, l'actif restant était partagé entre les époux ou leurs héritiers. Mais l'office du mari étant d'acquérir et celui de la femme de conserver, on avait déduit de cet axiome une proportion inégale dans la distribution des profits; on en avait, conformément à la loi ripuaire (tit. XXXVII, § 2; Marculfe, lib. II, form. 17), attribué deux tiers au mari et un tiers à la femme. En outre, le survivant des conjoints tirait préciputairement quelques meubles de la communauté; la femme, un vêtement complet, ses linges, voiles, bijoux et quelque vaisselle; le mari, ses vêtements, sa monture, son équipement militaire, agricole ou industriel (Schilter, *Codex manuscriptus* et les notes). En dehors de Strasbourg et de ses dépendances, un grand nombre de localités de la basse Alsace : Benfeld, Rouffach, Roderen, Roschwir, Chatenois, le comté de Ban, Marmoutier, le Kochersberg, Obernai, Molsheim, Reichstett, Saint-Nabord, Ribeauvillé, etc., suivaient ce régime, nuancé par d'insignifiantes variantes. Elles étaient plus notables dans le statut donné vers 1570 à la principauté de la Petite Pierre par George de Weldentz. Je n'en relèverai qu'une seule, et elle est importante : c'est l'égalité du partage entre les époux.

III. La coutume de Ferette demeura une tradition non écrite de la haute Alsace jusqu'en 1567. A cette date, et sur l'ordre de l'archiduc d'Autriche Ferdinand, elle fut recueillie par l'intendant et le greffier du comté Valentin Holdtein et Conrad Bapstein. Voici littéralement ses prescriptions en matière matrimoniale : « Si deux personnes contractent mariage, et si l'une décède sans héritiers directs, les biens immeubles formant l'apport du défunt retournent à ses plus proches héritiers. Quant aux apports mobiliers du prédécédé, et quant aux biens que les deux conjoints ont hérités, achetés, reçus ou acquis de toute autre manière pendant leur union, que les biens soient meubles ou immeubles, ils forment une masse commune (*active et passive*) dont le mari, si la femme meurt la première, prend les deux tiers, tandis que l'autre tiers appartient aux héritiers légitimes les plus proches de la femme décédée ; mais si la femme survit au mari, celle-ci prend le tiers de la masse, et les deux autres tiers appartiennent aux plus proches héritiers du mari. » A Ferette, ainsi qu'à Strasbourg, il était encore d'usage que le survivant des conjoints prélevât, à titre préciputaire, quelques objets mobiliers de la communauté. Ce statut avait fini par étendre son empire sur tous les villages du Sundgau (Dagon de la Contrie, Statutaire, *passim*), et sur le comté de Dabo (*Jurisprudence de la cour de Colmar*, III, p. 493). La communauté universelle adoptée par la vallée de Lièvre différait de celle de Ferette en des points notables qui seront aisément relevés à la lecture de la Coutume de 1586:

« ART. 66. — La coutume est au val de Lièvre, qu'en traitant les mariages doivent des douaires à leurs femmes (appelées anciennement d'*heulèze*), et l'homme décédant sans avoir d'enfants avec sa femme, icelle prend d'*heulèze* (appelé aujourd'hui *douaire*) appointé au traité de mariage, ou le tiers des acquêts qu'ils ont faits durant leur communauté, lequel il lui plaît le mieux avec tous biens meubles et héritages qu'elle aurait apportés en mariage de ce qui peut encore être en apparence, et le mari de même.

« ART. 67. — Si un père avait donné à sa fille une somme d'argent en mariage, et qu'elle mourût sans enfants, son mari est tenu de rendre au père la dite somme, et s'ils en ont acquêté aucuns biens, en prend le dit père le tiers au nom de sa fille, avec tous autres biens que sa fille aurait apportés avec son dit mari.

« ART. 56. — La coutume est telle qu'après la mort de l'homme ou de la femme, les hoirs du premier décédé soient ses enfants, frères ou autres prochains parents, viennent partager tous biens, meubles ou héritages contre le survivant ; à sçavoir : les héritiers de l'homme prennent les deux tiers et ceux de la femme l'autre tiers, et payent aussi les dettes à l'équipollent, chacun suivant sa portion. Toutefois, faut noter ici que la femme morte ayant enfants ensemble, le père survivant ne peut être contraint de faire partage, s'en peut servir s'il se remarie ou non ; et si les enfants viennent à être mariés, il est contraint de leur rendre le tiers de la mère, mais non auparavant. Mais l'un ou l'autre morts sans hoirs procrus d'eux, est le survivant contraint de faire partage entre les hoirs du décédé, comme il est dit ci-dessus.

« ART. 57. — Après la mort de l'homme ou de la femme décédés sans hoirs de leurs corps, délaissant d'anciens héritages, retournent à son éloc et ligne, et se font tous partages et divisions des biens meubles et acquêts comme ci-dessus. »

Telle est la physionomie générale des principaux régimes matrimoniaux de l'Alsace. Ils n'étaient pas à l'abri de la critique On reprochait à la Dévolution son injustice envers les enfants qui étaient spoliés au profit d'un de leurs auteurs par la mobilisation de la fortune immobilière ou par une prolongation extraordinaire de la jouissance des immeubles. On reprochait à la communauté universelle son injustice envers la femme, qui, dans le partage inégal de l'actif, était souvent privée d'une fortune dont elle était l'auteur. Pour échapper à ce double inconvénient, on recourait d'ordinaire à une stipulation de communauté d'acquêts, et cette forme de conventions matrimoniales était, il faut le reconnaître, le régime prépondérant dans la province.

(63) Dans toute l'Alsace, sauf dans la ville de Schlestadt, les père et mère survivants succédaient, contrairement à la novelle 118 (chap. 2) et aux dispositions du Code Napoléon (art. 750 et suiv.), à leurs enfants morts *ab intestat* et sans postérité, et excluaient les frères et sœurs germains du défunt. *Tristis et luctuosa hereditas!* Voir sur ce point *Miroir de Souabe*, chap. CCLXXXVIII, § 2.

(64) Fût-ce de valeur, c'est-à-dire valable.

(65) La représentation est une fiction légale par laquelle le représentant

prend la place, le degré et les droits du représenté. Elle a lieu à l'infini pour la ligne directe descendante : elle ne profite, au contraire, qu'aux enfants d'un frère ou d'une sœur prédécédé dans l'ordre collatéral (art. 739 à 744, C. Nap.). Cette mesure de justice, empruntée à la loi romaine (*Instit.*, lib. III, tit. I, § 15 ; — C. Théodos., lib. V, tit. I; — novelles 118 et 127), eut, avant de s'implanter en Alsace, beaucoup à lutter contre les antipathies de la race germanique. Chilpéric et Childebert II l'avaient bien décrétée au sixième siècle ; mais cette tentative fut moins heureuse chez les Austrasiens que celle de Chwindaswinde et de Grimoald chez les Wisigoths et les Lombards. En effet, durant le règne des Mérovingiens et des Carlovingiens, la loi, aux prises avec les préjugés, succomba sous des mœurs et des habitudes contraires. A la fin du dixième siècle, la question de la représentation, agitée à nouveau, embarrassait les jurisconsultes. Pour savoir si les enfants d'un fils prédécédé partageraient avec leurs oncles la succession de leur grand-père, l'empereur Othon le Grand ordonna un duel en 973. Le champion qui combattait pour les oncles ayant été vaincu, l'assemblée de Stelle admit aussitôt la représentation en Allemagne (Witikind, *Hist. de Saxe*, lib. II, t. I, p. 644, *apud Meibomium*). L'Alsace, rattachée depuis peu de temps à l'empire germanique, recueillit le bienfait de ce jugement de Dieu, et en conséquence, dans les successions en ligne directe, les représentants prirent la place du représenté *per stirpes et non capita*. (*Livre des Fiefs*, lib. I, tit. VIII et XIX ; — *Miroir de Souabe*, lib. II, chap. v, édit. Matile ; — Statuts des villes d'Alsace ; — Coutumier d'Orbey de 1513.) Pourtant cette décision ne vidait pas toutes les difficultés de la matière. Dans l'ordre collatéral fallait-il transporter le principe de l'ordre direct ? Fallait-il admettre la représentation ? Nouvelles incertitudes parmi les jurisconsultes. Charles-Quint les soumit en 1521 à la diète de Worms. On prit dans cette assemblée et sur ce point une résolution qui devint loi générale de l'Empire, et qui, notifiée de suite officiellement aux Ribeaupierre (Archives du Haut-Rhin, Seigneurie de Ribeaupierre, E. 635), fut inscrite dès 1536 dans l'article 49 du Coutumier d'Orbey. Ainsi s'acheva dans ce bailliage le triomphe des droits du sang, et leur victoire complète rend notre statut infiniment supérieur aux coutumes françaises (voir leur liste dans Merlin, *Répert.* t. XI, p. 594), qui, trop fidèles à l'esprit germanique, ont constamment rejeté de leurs dispositions le principe si équitable de la représentation.

(66) Il s'agit ici de libéralités de dernière volonté. Avant l'invasion des Gaules, les Germains ne connaissaient point le testament. (Tacite, *De mor. Germ.*) Après la conquête, ils empruntèrent cette manière de disposer au droit romain ; et, sous l'action du clergé, les formalités requises par cette législation pour la confection et la validité de ces actes furent singulièrement simplifiées. Il suffit dès lors que le testateur, assisté de quelques témoins, déclarât sa volonté en présence, soit du curé de sa paroisse, soit d'un officier public. Notre Coutumier prescrit cette dernière marche, tandis que dans certaines coutumes françaises (Paris, Melun, Troyes, Vitry, Chartres, Angoumois, Normandie) le disposant adoptait à son gré la forme civile ou la forme canonique. Adde ord. de 1735, art. 25 et C. N. art. **971**.

(67) Si jadis on n'aimait pas l'immixtion d'un pouvoir dans les attributions d'un autre, on n'avait pas nos idées sur la séparation des pouvoirs. On les distinguait plutôt qu'on ne les séparait. En effet, dans notre Coutumier, les élus du peuple sont à la fois juges, législateurs, administrateurs, officiers ministériels ou publics. Ici, le prévôt et la justice reçoivent les contrats et remplissent les fonctions de notaire : ailleurs, ils sont investis des autres fonctions que nous venons d'énumérer. (Voir *suprà*, p. 21 note 8.)

(68) Au lieu des mots : *à qui leur plaira,* le texte de 1536 porte : *à des bâtards, à des serviteurs ou autres.* J'ai déjà relevé ci-dessus la force et le développement qu'avait acquis, dans la société du moyen âge, le principe de l'affectation des biens à la famille. L'addition faite en 1564 au texte de notre article est une nouvelle preuve de la prédominance de cet esprit.

Dans notre droit actuel, quand le donateur n'a ni ascendants ni descendants, il peut, par ses libéralités entre-vifs ou testamentaires, épuiser la totalité de ses biens (art. 916). Mais, lorsqu'il existe des héritiers à réserve, des enfants ou des ascendants, ses dispositions à titre gratuit sont limitées à la moitié, au tiers ou quart de son patrimoine, selon diverses hypothèses (art. 913, 914 et 915, C. Nap.).

(69) *Epilogue.* — Même épilogue en 1536 qu'en 1564, sauf : 1° la substitution du nom de Guillaume à celui d'Egenolphe, et 2° la différence de date, *le mardi des fêtes de Pâques en l'an de Notre Seigneur* 1536.

(70) Une note allemande ajoutée au Coutumier de 1536 indique que le statut de 1564 a été approuvé par Egenolphe le 20 *mars*, tandis que le texte inséré ci-dessus dit le 17 *mars.*

9 782013 503761